教育领航：教育管理理论与实践创新

苏丹　著

九 州 出 版 社

JIUZHOUPRESS

图书在版编目（CIP）数据

教育领航：教育管理理论与实践创新 / 苏丹著.
北京：九州出版社, 2024. 12. -- ISBN 978-7-5225
-3490-9

Ⅰ. G40-058

中国国家版本馆CIP数据核字第2025RQ3057号

教育领航：教育管理理论与实践创新

作　者　苏　丹　著
责任编辑　陈春玲
出版发行　九州出版社
地　　址　北京市西城区阜外大街甲 35 号（100037）
发行电话　（010）68992190/3/5/6
网　　址　www.jiuzhoupress.com
印　　刷　三河市嵩川印刷有限公司
开　　本　787 毫米 ×1092 毫米　16 开
印　　张　12.5
字　　数　200 千字
版　　次　2024 年 12 月第 1 版
印　　次　2025 年 2 月第 1 次印刷
书　　号　ISBN 978-7-5225-3490-9
定　　价　58.00 元

前言

教育是立国之本，其对国家的发展起着至关重要的作用。随着教育改革的不断深化，人们越发认识到有效的教育管理对于提升教育质量和促进学生全面发展的重要性。因此，急需探索创新的管理模式来应对复杂多变的教育环境。与此同时，科技的飞速发展，尤其是信息技术和人工智能的逐步普及，正推动着教育领域前所未有的变革。在线教育、智能教学等新型教育模式层出不穷，这要求我们将先进技术融入教育管理，引领教育的数字化转型，以适应新的教育环境。

本书系统地梳理了教育管理的基础知识，包括其概念、特点、性质、原理及基本原则等，同时，通过详细解读经典与当代教育管理理论，以期为本书构建一个多维度的理论框架。在教师教育管理层面，本书重点探讨了教师管理的地位与作用，并提出通过构建教师专业培养共同体和提升教师专业胜任力来推动管理的创新。在学生教育管理方面，本书的分析涵盖了学生行为管理、群体组织管理、安全与资助管理等多个方面，并提出学生教育管理的创新思路。此外，本书还深入探讨了数智时代教育管理的治理路径与实践，尤其对科教兴国背景下的科学教育的管理实践与创新进行了深入研究。从科学教育的内涵出发，力图构建科学教育的管理模式，并对科学教师专业素养建设和数智时代下科学教育的发展路向进行了深入剖析。

目录

第一章　教育管理基础

第一节　教育管理的概念与特点

一、教育管理的概念

（一）教育管理的基本定义

教育管理是一种专门针对教育领域的管理活动，它旨在通过对教育资源进行有效的计划、组织、领导和控制，以实现教育的既定目标，这一过程不仅关注微观层面上的具体教育实践，如课堂教学、学生管理等，还涉及宏观层面上的教育政策制定、教育体制改革等重大问题。教育管理不仅是一个管理过程，更是一种管理艺术，它要求管理者具备深厚的专业知识、丰富的实践经验以及高度的责任感。在教育管理的定义中，可以发现以下关键点：首先，教育管理是一个系统性的过程，它涉及教育的各个环节和方面；其次，教育管理旨在实现教育的目标，这包括提高教育质量、促进教育公平和效率等多个方面；最后，教育管理需要关注教育的内外环境，确保教育活动的顺利进行。

（二）教育管理的核心要素

1. 教育管理计划

在教育管理体系中，计划是首要且至关重要的环节，它不仅是教育活动的先导，更是实现教育目标、优化资源配置的蓝图。教育管理计划的制订，需要管理者对教育内外环境进行全面而深入的分析，这种分析涵盖政治、经济、文化等多个维度。此外，计划的可行性和有效性是评判教育管理质量的关键标准。在计划的制订过程中，管理者需运用科学的预测方法，对教育发展趋势进行精准的判断，这种预测不仅要基于对历史数据的分析，更要结合当前的教育实际和未来的社会需求。通过这样的预测，管理者能够制订出既符合教育规律又具备前瞻性的教育计划，为教育活动的顺利开展提供坚实的保障。

2. 教育管理组织

组织是教育管理得以实施的基础和支撑，它涉及教育机构的设置、人员配置、职责划分等多个方面。一个有效的教育管理组织体系，能够确保教育资源的合理利用，并最终提高教育效率。在教育管理组织过程中，管理者需根据教育目标和计划要求，合理设置教育机构、配置教育资源、明确职责分工，这要求管理者具备高度的全局观念和战略眼光，能够根据教育发展的实际需要，对教育组织体系进行科学的规划和设计。同时，教育管理者还需关注组织内部的沟通与协作，促进组织成员间的相互理解和支持，形成一股强大的教育合力。

3. 教育管理领导

领导是教育管理中的关键因素，他们承载着引领和推动教育发展的重任。领导者需要具备较高的专业素养和领导能力，能够引导和教育工作者共同实现教育目标。教育管理领导者的作用不仅在于决策和指挥，更在于激励和鼓舞教育工作者。他们需要关注教育工作者的需求和发展，为他们提供必要的支持和帮助，这种支持不仅包括物质上的保障，更包括精神上的鼓舞和激励。通过激发教育工作者的积极性和创造力，领导者能够推动教育的创新和发展，为教育事业注入源源不断的动力。此外，领导者还需具备创新意识和实践能力。他们需要关注教育发展的最新动态和趋势，及时将新的教育理念和方法引入教育实践。"基于创新教育理念开展教育管理工作是高校实现可持续发展的内在要求，是高校适应新发展形势的必然要求，是实施人才强国战略的重要基础。"[1] 通过不断的探索和实践，

---

[1] 陈庆渊，张雄. 基于创新教育理念的高校教育管理价值意蕴和实践路径 [J]. 科教导刊，2023（15）：1.

教育管理领导者能够推动教育管理的创新和发展，为教育事业开辟新的道路。

4. 教育管理控制

控制是教育管理的必要手段，它通过对教育过程的监控和评估，及时发现问题并采取措施加以解决，确保教育目标的实现。控制不仅包括对教育管理结果的评估，还包括对教育管理过程的监控和反馈。在教育管理控制过程中，管理者需运用科学的方法和手段，对教育过程进行全面、客观评估。这种评估不仅基于预设的教育目标和计划要求，更需结合教育发展的实际情况和社会需求。通过评估，教育管理者能够发现教育过程中存在的问题和不足，并采取相应的措施进行修正和改进。同时，教育管理者还需根据评估结果及时调整教育计划和策略，这种调整不仅是对教育过程的及时修正和完善，更是对教育目标的重新定位和规划。通过不断调整和改进，教育管理者能够确保教育活动的顺利进行和教育目标的实现。

（三）教育管理的多维度视角

1. 教育管理的宏观与微观视角

（1）教育管理的宏观层面视角。从宏观层面视角审视教育管理，其涉及的范围更为广泛和深入。政府和教育行政主管部门作为教育管理的决策者，其角色与责任亦显得尤为重大。他们需紧密结合国家发展战略和社会需求，制定符合国情的教育政策，推动教育体制的改革和创新。在政策制定的过程中，需要充分考虑教育资源的合理配置和有效利用，以及教育的公平与效率问题。同时，政策执行过程中还需不断总结经验教训，及时调整和完善政策内容，以确保教育政策的有效性和可持续性。宏观层面的教育管理，不仅仅是对教育政策和体制的宏观规划与设计，更是对国家未来发展和民族复兴的战略性思考，它要求决策者具备深邃的洞察力和前瞻性，能够准确把握时代脉搏，引领教育发展方向。

（2）教育管理的微观层面视角。从教育管理的微观层面而言，其焦点落在课堂这一教育核心阵地与学生管理的精细化实施之上。在这一层面，教师作为教育的直接执行者，其角色与职责显得尤为关键。教师不仅要负责教学计划的编订，确保教学计划与学生的实际需求及学科特点紧密结合，保证教学内容的系统性与前沿性；还需组织教学活动，这要求教师在确保教学质量的同时，关注学生参与度和学习体验，以激发学生的学习兴趣和积极性。此外，学生管理还涵盖了学生的日常行为规范、心理健康管理、学业辅导等多个维度。通过制定细致的管理规定和提供全面的支持服务，旨在为学生营造一个有利于其全面发展的健康、和谐、有序的学习环境。在教育管理的微观层面，教育管理不仅仅是一种技术的操作或策略的应用，更是一种教育理念的体现和教育哲学的实践，它要求教育者深刻理解教育的本质，把握教育的规律，以科学的方法和人性化的手段，促进学生的全面发展。

2. 教育管理的跨文化视角

教育管理具有鲜明的跨文化视角，不同国家和地区的文化背景、教育体制和社会环境都存在差异，这使得教育管理在不同国家和地区具有不同的特点和挑战。因此，在教育管理过程中需要充分考虑跨文化因素，尊重并理解不同文化背景下的教育需求和特点。同时，还需积极借鉴其他国家和地区的成功经验，推动教育的国际化发展。跨文化维度的教育管理，要求具备开阔的视野和包容的心态，需要尊重不同文化的差异性和多样性，理解并适应不同文化背景下的教育需求，也需要借鉴其他国家和地区的成功经验，将其融入教育管理中，推动教育的国际化发展。

3. 教育管理的信息技术视角

随着信息技术的快速发展，教育管理迎来了新的变革机遇。信息技术在教育管理中的应用不仅提高了管理效率和质量，还为教育管理带来了更多的可能性。例如，通过大数据分析和人工智能技术，可以更加精准地评估教育质量和效果，为教育决策提供科学依据，还可以促进教育资源的共享和优化配置，提高教育资源的利用效率。在信息技术视角下审视教育管理变革，可以看到信息技术对教育管理的深远影响，它改变了传统的教育管理方式和方法，使教育管理更加科学、高效和智能。因此，需要充分利用信息技术的优势，推动教育管理的现代化和智能化发展，也需要关注信息技术对教育管理的挑战和风险，制定相应的应对策略和措施，确保教育管理的健康发展。

（四）教育管理的发展趋势

第一，教育管理的民主化趋势。在教育管理的众多发展趋势中，民主化趋势尤为显著，这一趋势在全球范围内表现为教育控制权的分化，即国家层面对教育的控制逐渐下放至地方乃至学校层面，赋予地方和学校更大的自主权。在学校内部，教育管理民主化则体现为教职工、学生及家长等多方主体的广泛参与，通过建立健全的学校治理结构和决策机制，确保各方利益得到充分表达和尊重。这一趋势不仅有助于提升教育管理的灵活性和适应性，还能有效激发教育创新活力，推动教育质量的全面提升。

第二，与教育管理集权化趋势与民主化趋势并存的是教育管理的相对集权化趋势。为了实现对全国教育的有效管理和资源配置，对地方教育管理的权限进行适度限制。这种集权化趋势旨在通过统一的标准和政策指导，确保教育资源的均衡分配和教育质量的稳步提升。同时，相对集权化也要求各级政府之间建立更为紧密的协作机制，共同推动教育事业的协调发展。

第三，教育管理的科学化趋势。教育管理科学化是当前世界各国教育管理的共同追求，这一趋势体现在两个方面：①注重运用现代科学理论指导教育管理实践，如管理学、心理学、社会学等多学科理论的融合应用；②注重在教育管理中引入现代科学技术手段，如大数据、云计算、人工智能等，以提高管理效能和决策的科学性。科学化的教育管理不仅能够有效提升管理效率，还能为教育决策提供更为精准的数据支持，推动教育管理的精细化发展。

第四，教育管理的效率化趋势。随着教育规模的不断扩大和教育资源的日益紧张，提升教育管理效率成为各国教育管理的共同任务。效率化趋势表现为教育管理机构的精简和优化，以及管理流程的简化和标准化。通过减少不必要的行政干预和烦琐的程序，教育管理能够更加专注于核心任务，提高工作效率和响应速度。同时，效率化也要求教育管理者具备更强的专业素养和管理能力，以应对日益复杂的教育管理挑战。

第五，教育管理的数字化与互联网＋教育趋势。随着信息技术的飞速发展，数字化和互联网＋教育成为教育管理的重要趋势，数字化教育利用电子技术、通信技术和信息处理技术，实现了教育信息的快速传递、存储、显示和利用。互联网＋教育则进一步将传统教育与互联网技术深度融合，通过大数据、云计算等前沿技术，打造高水平、高效、便捷的教学过程，这一趋势不仅改变了传统的教学模式和学习方式，还为学生提供了更为丰富和个性化的学习资源和平台。同时，互联网＋教育也促进了教育资源的共享和优化配置，推动了教育公平和质量的双重提升。

第六，教育管理研究内容的多元化趋势。教育管理研究内容的多元化是当代教育管理发展的显著特征。在当代社会背景下，教育管理研究逐渐拓展到更为广泛的领域，包括教育管理学的历史研究、理论研究、教育研究与教育决策的关系研究、教育政策研究以及学校效能研究等，这些多元化的研究内容不仅丰富了教育管理学的理论体系，也为教育管理实践提供了更为全面和深入的指导。

二、教育管理的特点

（一）教育管理的系统性特点

教育管理的系统性体现在其内部结构的复杂性和各子系统之间的有机联系上，这些子系统在教育管理体系中各自承担着不同的角色和功能，但同时又相互依存，共同为教育目标的实现服务。

第一，教育管理需要各子系统之间的有效整合和协调，这种整合和协调不仅要求各子系统在教育管理过程中能够协同运作，更要求它们能够根据教育目标的变化进行灵活的调整和优化。例如，学校管理与教师管理之间的紧密配合，需要确保教师的教学计划与学校的整体规划相一致；而学生管理与课程管理之间的协调，则需要保证学生的学习需求与课程安排相匹配。

第二，教育管理需要注重各子系统之间的信息交流和资源共享。信息交流和资源共享是教育管理实现高效运作的关键。通过建立健全的信息交流机制和资源共享平台，教育管理可以确保各子系统之间的信息畅通无阻，从而实现资源的优化配置和高效利用。例如，通过教育信息化建设，学校可以实现教师、学生、家长和管理者之间的即时沟通和信息共享，进而提升教育管理的整体效率和水平。

（二）教育管理的整体性特点

教育管理的整体性特点体现在教育活动全过程的连贯性和整体性上。教育活动是一个连续不断的过程，包括教育目标的设定、教育计划的制定、教育实施和教育评估等多个环节，这些环节相互衔接、相互依存，共同构成了一个完整的教育管理链条。

第一，在教育管理目标的设定方面，需要充分考虑国家的整体教育政策、社会经济发展的需求和学生的个体差异等因素。教育目标的设定应具有前瞻性和可操作性，能够指导教育实践并推动教育质量的不断提升。同时，教育目标的设定也需要与学校的实际情况相结合，确保目标的合理性和可行性。

第二，在教育管理计划的制定方面，需要综合考虑各种教育资源、教育时间和教育空间等因素。教育计划的制定应以教育目标为导向，确保各项教育活动能够有序进行并达到预期的教育效果。同时，教育计划的制订也需要注重灵活性和适应性，能够根据教育实践中的变化进行及时的调整和优化。

第三，在教育管理的实施方面，需要确保教师、学生和管理者之间的有效沟通和协作。教育实施是教育管理的关键环节，需要注重教学过程的科学性和灵活性：通过加强教师培训和教研活动等方式提高教师的教学水平；通过引导学生参与和激发学生的学习兴趣等方式提高学生的学习效果；通过加强管理者与教师、学生之间的沟通和协作等方式提高管理效率。

第四，在教育管理的评估方面，需要建立科学、全面的评估体系。教育评估是检验教育管理效果的重要手段，需要客观、公正地评估教育活动的各个环节和方面：通过建立科学的评估指标和方法、收集全面的评估数据和信息等方式对教育活动的实际效果进行客观评估；通过及时反馈评估结果、调整教育管理策略等方式推动教育质量的不断提升。

（三）教育管理的适应性特点

教育管理的适应性特点主要体现在其能够根据外部环境的变化和内部需求的

发展，不断调整和优化教育管理策略。这种适应性不仅要求教育管理具有敏锐的洞察力和判断力，还需要具备灵活应变的能力。

第一，教育管理需要适应外部环境的变化，这包括社会、经济、文化等方面的变化对教育管理的影响。例如，在面对教育改革的挑战时，教育管理需要积极响应改革要求，调整教育目标、课程设置和教学方法等方面的策略以适应改革的需求。同时，教育管理还需要关注国际教育发展趋势，借鉴国外先进的教育管理经验和方法，推动教育管理的国际化发展。

第二，教育管理需要适应内部需求的发展，这主要是指学生和教师等教育主体对教育管理的新要求和新期待。例如，在面对学生个性化发展的需求时，教育管理需要关注学生的个体差异和兴趣特长等方面的因素，制定个性化的教育方案以满足学生的需求。同时，教育管理还需要关注教师的专业发展需求，为教师提供必要的支持和帮助，促进教师的专业成长和发展。

为了实现教育管理的适应性特点，教育管理者需要具备以下几个方面的能力：①敏锐的洞察力和判断力：教育管理需要密切关注外部环境的变化和内部需求的发展，及时发现问题和机遇，并作出相应调整和决策改变；②灵活应变的能力：教育管理需要具备灵活应变的能力，能够根据实际情况调整教育管理策略和方法，以适应新的需求和挑战；③持续学习和改进的能力：教育管理需要保持持续学习和改进的态度，不断吸收新的知识和经验，提升教育管理的水平和质量；④团队协作和沟通能力：教育管理需要加强团队协作和沟通能力，管理者应与师生、家长和社会各界建立良好的合作关系，共同推动教育事业的发展。

（四）教育管理的科学性特点

教育管理中的科学性特点，并非仅仅意味着对教育规律的简单遵循，而是强调在教育管理过程中，需要运用科学的方法和手段，结合多学科的理论知识，对教育现象进行全面、深入的分析和探究。

第一，教育管理者需要具备跨学科的知识储备。心理学、教育学、管理学等多学科的理论知识，为教育管理提供了丰富的理论支撑和实践指导。教育管理实践者需将这些学科知识融合于实践中，通过跨学科的研究和探讨，实现对教育现象的全面理解和深入分析。

第二，教育管理强调数据驱动。在信息化时代，数据已成为教育管理的重要资源。教育管理实践者需通过搜集、整理和分析各类教育数据，揭示教育现象的本质和规律，为制定科学的管理策略提供有力支持。"高校需要全面优化资源配置，制定出科学的教育管理机制，加强管理者与大学生群体的沟通和交流，通过网络平台来优化教育管理方法。"[①] 同时，由数据驱动的决策也有助于提高教育管理的精准度和有效性，更好地满足教育发展的需求。

第三，教育管理注重实证研究的运用。通过设计并实施各类教育实验和研究项目，教育管理实践者能够探索教育管理中的有效策略和方法，为教育管理实践提供科学依据。实证研究不仅有助于验证理论假设的正确性，还能够为教育管理实践提供可借鉴的经验和教训。

（五）教育管理的规范性特点

规范性特点要求教育管理者在实施过程中，必须严格遵循国家的教育法律法规和政策文件，以及教育行业的标准和规范，这种规范性不仅是对教育管理实践的约束和保障，更是对教育公平和质量的追求。

第一，教育管理者需要严格遵守国家和地方政府制定的教育法律法规和政策文件。这些法律法规和政策文件是教育管理活动的行为准则和制度保障，任何违法违规的行为都将受到相应的惩处。因此，教育管理实践者需认真学习并遵守相关法律法规和政策文件，确保教育管理活动的合法性和规范性。

第二，教育管理者需要参照教育行业的标准和规范，制定和完善学校的规章制度和管理办法。这些规章制度和管理办法应涵盖教育管理的各个方面，包括教学计划、课程设置、学生管理、教师发展等。通过制定科学、合理的规章制度和管理办法，可以确保教育管理活动的有序进行，提高教育管理的规范性和有效性。

---

① 李明升. 新形势下高校大学生教育管理实效性的提升 [J]. 创新创业理论研究与实践，2023，6（5）：79.

第三，教育管理者需要注重内部管理的规范性。管理者可通过建立科学的管理机制、明确的管理流程和严格的监督机制，确保教育管理活动的规范性和有效性。同时，还需加强对教育管理人员的培训和管理，提高他们的专业素养和管理能力，为教育管理的规范性和有效性提供有力保障。

（六）教育管理的创新性特点

教育管理的创新性特点，主要体现在其不断探索、尝试和引入新的教育理念、方法和手段，以适应时代发展的需要，这种创新性不仅体现在教育管理策略的制定上，也体现在教育管理的实施与评估过程中。

第一，教育管理在理念创新上，需要紧跟时代发展的步伐，关注国际教育前沿动态。在互联网时代背景下，教育管理需要充分利用信息技术手段，如大数据、人工智能等，开展在线教育、远程教育等新型教育模式，以满足学生多样化、个性化的学习需求，这不仅要求教育管理在技术应用上进行创新，还需要在教育理念上进行相应的转变，将传统的以教师为中心的教学模式转变为以学生为中心的自主学习模式。

第二，教育管理在方法创新上，需要积极探索和实践新的管理策略和方法。例如，通过引入项目管理、质量管理等先进的管理理念和方法，提升教育管理的效率和质量。同时，教育管理还需要关注教育实践中的具体问题，通过实践探索和创新，找到解决问题的新途径和新方法。

第二，教育管理在手段创新上，需要充分利用现代科技手段，提高管理的效率和效果。例如，通过构建教育管理信息系统，实现教育资源的优化配置和高效利用；通过利用社交媒体等新媒体工具，加强与师生、家长和社会各界的沟通与交流，提升教育管理的透明度和公信力。

第二节　教育管理的性质与原理

一、教育管理的性质

（一）教育管理的社会性

教育管理的社会性主要体现在其服务于社会发展的功能上。教育作为培养社会所需人才的重要途径，教育管理是确保这一功能得以实现的关键。

第一，服务社会需求。教育管理必须适应社会的发展需求，随着社会的不断进步，其经济结构、技术水平、文化价值观等方面都会发生变化，教育管理必须紧跟这些变化，调整和优化教育资源配置，创新教育管理方式，以培养适应社会需求的人才。例如，现代社会对创新型、综合素质高的人才需求增加，教育管理需要在课程设置、教学方法和评价体系上进行相应的改革。

第二，推动教育体制改革。教育管理在促进教育体制改革方面起着至关重要的作用。教育体制改革是一个复杂的系统工程，涉及政策、制度、文化等多个方面。教育管理通过科学的规划和有效的执行，推动教育体制改革的顺利进行，从而提高教育质量和效益。例如，通过实施素质教育改革，教育管理可以打破传统应试教育的束缚，转而注重学生综合素质的培养。

第三，提升教育质量。教育管理的最终目标是提升教育质量，使教育能够更好地服务于社会经济和文化的发展。高质量的教育不仅体现在知识传授上，更体现在学生综合素质的培养上。教育管理需要通过制度建设、资源配置、教学方法创新等手段，提高教育质量。例如，通过引进先进的教育技术和教学方法，提升教师的教学水平和学生的学习效果。

第四，社会协调与资源整合。教育管理的社会性还体现在其需要协调各方利益、整合社会资源的能力上。教育不仅是学校内部的事务，更涉及家庭、社区、政府和企业等多个社会主体的参与和支持。教育管理需要协调各方资源，共同为教育发展创造良好的社会环境。例如，通过加强学校与家庭、社区的合作，建立良好的家校共育机制，促进学生全面发展。

（二）教育管理的综合性

第一，多学科交叉。教育管理涉及教育学、管理学、心理学、社会学等多学科的知识，需要综合运用多学科的理论和方法。例如，教育学的理论可以为教育管理提供科学的指导，管理学的理论可以为教育管理提供有效的管理方法，心理学的理论可以为教育管理提供人际关系和行为管理的理论依据，社会学的理论可以为教育管理提供社会环境和文化背景的分析工具。

第二，多角度分析。教育管理需要从多个角度进行分析，全面了解教育管理的实际情况。例如，从政策角度分析教育管理的政策环境；从经济角度分析教育管理的资源配置；从社会角度分析教育管理的社会影响；从文化角度分析教育管理的文化背景；从技术角度分析教育管理的信息化水平。通过多角度的分析，可以全面了解教育管理的实际情况，发现和解决教育管理中的问题。

第三，多层次管理。教育管理具有多层次的特点，需要在不同层次上进行管理。例如，从国家层次而言，需要制定教育政策和规划，进行教育资源的宏观调控；从地方层次而言，需要制订教育发展计划，进行教育资源的配置和管理；从学校层次而言，需要制定学校发展规划，进行学校管理和教学管理；从班级层次而言，需要制订班级管理计划，进行班级管理和学生管理。通过以上多层次的管理，来提高教育管理的效率和效果。

第四，多方参与。教育管理需要多方参与，共同推动教育发展。例如，政府部门需要制定科学的教育政策和法规，提供教育资源和支持；学校需要制定科学的管理制度和教学计划，提高教学质量和管理水平；教师需要不断提高自身的专业素质和教学能力，积极参与教育管理和教学改革；学生需要积极参与教育管理，提出自己的意见和建议，从而提高自身的学习能力和综合素质；家长需要积极配合学校的教育管理，支持学生的学习和发展。通过多方参与，可以形成教育管理的合力。

（三）教育管理的实践性

第一，管理实践的探索。教育管理的理论和方法需要在具体的管理实践中得到检验和完善，管理者需要在具体的教育环境中不断探索和创新，积累经验，提高管理水平。例如，通过对教育管理案例的分析，可以了解不同管理方法的优缺点，从而选择适合自身的管理策略；通过教育管理实践的总结，可以发现教育管理过程中存在的问题，提出改进措施，提高管理效果。

第二，管理经验的积累。教育管理需要通过长期的实践积累经验，提高管理水平。例如，通过对学校管理的长期实践，可以积累丰富的管理经验，形成具有自身特色的管理模式；通过对教师管理的长期实践，可以了解教师的需求和特点，制定科学合理的管理措施，提高教师的工作积极性和教学水平；通过对学生管理的长期实践，可以了解学生的心理和行为特点，制定科学有效的教育措施，促进学生的全面发展。

第三，管理方法的创新。教育管理需要不断创新管理方法，提高管理水平。例如，通过引进先进的教育技术和管理方法，可以提高教育管理的信息化和现代化水平；通过开展教育管理实验，可以探索新的管理模式和方法，提高教育管理的科学性和有效性；通过教育管理研究，可以发现教育管理中的新问题，提出新的解决方案，推动教育管理的不断发展和进步。

第四，管理实践的反馈。教育管理需要重视管理实践的反馈，通过建立反馈机制不断改进管理措施，提高管理效果。例如，通过教师、学生和家长的反馈，可以了解教育管理过程中存在的问题，及时调整和改进管理措施；通过对教育评价的反馈，可以了解教育管理的实际效果，发现和解决教育管理中的问题，提高教育质量；通过对教育研究的反馈，可以了解教育管理的理论和方法的应用效果，提出新的研究方向和课题，推动教育管理理论的发展和完善。

二、教育管理的原理

（一）人本原理

人本原理的核心思想在于"人"这一基本元素的至高地位。在教育管理的实践中，它意味着教育管理者应当从人的角度出发，全面考虑人的需求、潜能和发展。人本原理强调，无论是教师还是学生，都应当被视为教育管理的主体，他们的权益、情感和心理需求都应得到充分的关注。"高校应在教育管理的过程中贯彻以人为本的教育理念，关注学生实际需求，培养应用型创新人才。"[1] 具体而言，人本原理在教育管理中体现为以下方面：首先，它要求教育管理者尊重教师和学生的个体差异性，避免一刀切的管理模式；其次，它鼓励教育管理者关注教师和学生的情感需求和心理发展，为他们创造和谐、温馨的工作和学习环境；最后，它倡导教育管理者激发教师和学生的主动性和创造性，鼓励他们积极参与教育管理过程，共同推动教育的发展。

1. 人本原理在教师发展中的意义

在教育管理中，教师作为教育活动的主体之一，其发展与培养至关重要。人本原理为教师发展提供了重要的指导思路。首先，它要求教育管理者重视教师的职业发展机会，为他们提供丰富的培训资源和机会，帮助他们提高教学水平和科研能力，这不仅有利于教师个人事业的发展，也有助于提升整个教育系统的质量。具体而言，教育管理者可以通过设立教师发展中心，为教师提供系统的培训课程和资源，这些课程和资源可以涵盖教学方法、课程设计、科研方法等多个方面，帮助教师不断更新知识，提高教学质量。其次，教育管理者还可以鼓励教师参加各种专业培训和继续教育项目，为他们提供更多的学习机会和发展空间。再次，人本原理要求教育管理者关注教师的身心健康和情感需求，他们应当为教师创造一个宽松、和谐的工作环境，减轻他们的工作压力和负担。最后，教育管理者还应当关注教师的情感需求和心理发展，为他们提供必要的心理支持和帮助。

---

[1] 张今红. 以人为本理念下应用型高校教育管理路径探索 [J]. 河南教育，2024（3）：23.

2. 人本原理在学生发展中的应用

在教育管理中，学生作为教育的最终受益者，其全面发展至关重要。人本原理为学生的全面发展提供了重要的指导思路。首先，它要求教育管理者尊重学生的个性差异，为其提供多样化的教育资源和学习机会，并关注学生的不同需求和兴趣，为他们提供个性化的教育服务。具体而言，教育管理者可以通过开展丰富多彩的课外活动和社团活动，为学生提供更多的学习机会和发展空间，这些活动可以涵盖艺术、体育、科技等多个领域，帮助学生发现和发展自己的兴趣和特长。其次，教育管理者可以鼓励学生积极参与各种实践活动和社会服务，培养他们的实践能力和社会责任感。除了提供多样化的教育资源和学习机会外，人本原理还要求教育管理者关注学生的情感需求和心理发展。他们应当为学生创造一个温馨、和谐的学习环境，并勤于关注学生的情感变化和心理健康。当学生面临困难或挫折时，教育管理者应当给予他们必要的关心和支持，帮助他们渡过难关。

（二）民主原理

民主原理强调在教育管理过程中，必须充分发扬民主精神，尊重和保障教职工与学生的民主权利。这一原理不仅要求教育管理者要广泛听取教职工和学生的意见和建议，以调动他们的积极性和创造性，还强调教育管理过程的公开透明，旨在提升管理的科学性和公正性，进而有效防止权力滥用和腐败现象的发生。在教育管理的实践中，民主原理的核心在于确保教职工和学生能够充分参与到管理决策的过程中，他们的意见和建议被真正尊重和采纳。这不仅有利于激发教职工和学生的主体意识和归属感，也有助于提高决策的科学性和合理性。同时，民主原理还要求教育管理者在教育管理过程中保持高度的公正性，确保管理活动的公开、公平和公正。民主原理在教育管理中的实践策略主要包括以下方面。

1. 建立健全民主参与机制

为确保教职工和学生能够充分参与到教育管理的决策过程中，教育管理者需要建立健全的民主参与机制。具体而言，包括以下方面。

（1）设立多样化的参与平台。通过设立校务委员会、教职工代表大会、学生代表大会等组织，为教职工和学生提供参与学校管理的平台。这些平台应定期召开会议，讨论学校的重大决策和管理措施，确保教职工和学生的意见和建议得到充分的表达和采纳。

（2）建立畅通的沟通渠道。教育管理者应建立畅通的沟通渠道，如设立意见箱、开展在线调查等，以便及时收集教职工和学生的意见和建议；定期与教职工和学生进行面对面的交流和沟通，以了解他们的需求和期望。

（3）注重反馈与改进。对于教职工和学生提出的意见和建议，教育管理者应认真听取、分析和处理。对于合理的意见和建议，应及时采纳并落实到具体的管理实践中；对于不合理的意见和建议，也应给予充分的解释和说明。同时，教育管理者还应根据教职工和学生的反馈，不断改进和完善管理策略和措施。

2. 增强教育管理的透明度

为确保教育管理的透明度和公信力，教育管理者需要采取一系列措施来增强管理的透明度。具体而言，包括以下方面。

（1）及时公开重要信息。教育管理者应及时公开学校的财务状况、重大决策、管理措施等重要信息，以便教职工和学生了解学校的管理状况，这些信息可以通过学校官网、公告栏、新闻发布会等渠道进行发布。

（2）建立信息公开制度。为确保信息的及时、准确和完整发布，教育管理者应建立信息公开制度，明确信息公开的范围、方式和程序。同时，还应建立信息审核机制，确保所发布的信息真实、准确、完整。

（3）接受教职工和学生的监督。教育管理者应接受教职工和学生的监督，确保管理活动的公正性和公平性。对于教职工和学生提出的疑问或质疑，应及时给予解答和回应；对于发现的问题和不足，应及时进行整改。

（三）效益原理

在教育管理领域，效益原理对于指导教育资源的合理配置和使用、提升教育质量以及实现教育目标具有重要的指导意义。效益原理强调在教育管理过程中要追求效率和效益的最优化，确保教育资源的最大化利用，以及教育活动的高质量和高效益。

1. 效益原理在教育管理中的意义

效益原理在教育管理中要求教育管理者在资源分配和使用上要注重效率，避免资源的浪费和无效投入；同时，还要注重教育活动的质量和效益，通过科学的管理手段提升教育成果，实现教育目标。

（1）在资源的优化配置方面，效益原理强调教育管理者应当根据实际需求和教育目标，科学规划和配置教育资源。这包括教育设施的建设、设备的采购、人力资源的分配等方面。教育管理者应当充分考虑资源的可用性和利用效率，确保每一项投入都能够得到合理的利用和回报。

（2）在教育质量的提升方面，效益原理要求教育管理者要注重教育质量的管理和评价。通过建立科学的教育质量评价体系，定期对教育活动进行评估和监测，及时发现和解决教育过程中存在的问题和不足。同时，教育管理者还应当注重教育方法的创新和教育内容的更新，以满足学生不断变化的学习需求，提升教育活动的质量和效益。

2. 效益原理在教育管理中的应用

（1）科学规划和配置教育资源。为实现教育管理资源的优化配置，教育管理者应当制定科学的教育发展规划和资源分配计划。在制定规划时，应充分考虑教育目标、学生需求、教育资源现状等因素，确保规划的合理性和可行性。同时，在资源分配过程中，应注重资源的公平性和效率性，确保每一项资源都能够得到合理的利用和回报。例如，在教育设施建设和设备采购方面，教育管理者应当根据实际需求和教学要求，选择合适的设施和设备类型、规格和数量。在采购过程中，应注重质量和价格的平衡，避免盲目投资和资源浪费。同时，还应建立设施和设备使用管理制度，确保设施的充分利用和设备的正常运行。

（2）注重教育质量的提升。为提升教育管理质量，教育管理者应当建立科学的教育质量评价体系和监测机制。评价体系应涵盖教学活动的各个环节和方面，包括教学目标、教学内容、教学方法、学生表现等。通过对教学活动进行定期评估和监测，及时发现和解决教育过程中存在的问题和不足。同时，教育管理者还应注重教育方法的创新和教育内容的更新。在教育方法上，应积极探索和尝试新的教学模式和教学方法，如探究式学习、项目式学习等，以激发学生的学习兴趣和积极性。在教育内容上，应关注学科前沿知识和学生实际需求的变化，及时更新和补充教学内容，确保教学内容的时效性和实用性。此外，教育管理者还应注重教师的专业发展和培训。通过定期组织教师进行培训和交流活动，提升教师的专业素养和教学能力，为教育质量的提升提供有力保障。

第三节　教育管理的基本原则

教育管理作为一个复杂的系统工程，其运作过程中必须遵循一系列基本原则，这些原则不仅体现了教育管理的核心理念，也为教育实践提供了指导性的框架。在教育管理的实践中，遵循这些原则对于提高教育效率、保障教育质量具有重要意义。

一、教育管理的目标性原则

在教育管理中，目标性原则被赋予了极高的地位，这一原则强调在教育管理过程中，必须明确教育的目标，并以此为导向，制定和实施各项管理措施。这不仅体现了教育管理的方向性和针对性，也确保了教育资源的有效利用和教育教学活动的顺利进行。

第一，教育管理目标的明确是目标性原则的核心要求。教育管理目标应当符合国家的教育方针和政策，同时也要充分考虑学生的个体差异和全面发展需求。一个明确的教育目标能够为教育管理提供清晰的指引，确保教育活动的方向性和针对性。例如，在基础教育阶段，教育目标应当注重学生的基础知识掌握和基本能力培养；在高等教育阶段，则应当更加注重学生的创新能力和实践能力的培养。

第二，目标性原则要求教育管理者在制定和实施管理措施时，必须以教育管理目标为导向，这意味着教育管理者需要根据教育目标的要求，制定相应的教学计划、课程设置、教学方法等，以确保教育目标的实现。同时，教育管理者还需要对教育教学活动进行监督和评估，以确保教学管理活动与教育管理目标的契合度和实现度。

第三，目标性原则的实施对于提高教育管理的效率和质量具有重要意义。通过明确教育目标并以此为导向制定和实施管理措施，教育管理者可以确保教育资源的有效利用和教育教学活动的顺利进行，这不仅可以提高教育管理的效率，还可以提高教育教学的质量，促进学生的全面发展。

二、教育管理的人文性原则

人文性原则强调在管理过程中应始终关注人的全面发展与深层次需求，充分体现出对人的尊重和关怀。人文性原则是教育管理的灵魂所在，它要求管理者在实施管理时，必须将学生、教师及其他教育工作者的利益放在首位，营造一个充满人文关怀的教育环境。

第一，人文性原则的核心在于尊重每一个人的独特性和价值。在教育管理中，这意味着管理者需要深入了解每个人的个性、兴趣和需求，并据此制定个性化的教育和管理方案。同时，这一原则还要求管理者高度关注教育参与者的情感和心理状态，通过提供必要的支持和帮助，促进他们的心理健康和个人成长。

第二，人文性原则强调教育机构整体文化氛围的营造。教育管理者应积极推动校园文化的建设，通过丰富多彩的活动和交流平台，促进师生之间的沟通与互动，共同构建一个积极向上、和谐共融的教育共同体。

第三，在实施人文性管理时，教育管理者应注重对学生文化素养和人文精神的培养。这不仅包括传授传统文化知识，更涉及引导学生形成正确的价值观念、道德标准和行为准则。通过这种全面而深入的人文教育，可以显著提升学生的综合素养和社会责任感，进而促进整个社会的文明进步。

三、教育管理的民主性原则

民主性原则不仅体现了教育管理活动的本质要求，它也是实现教育公平和提升教育质量的重要途径。在深入探讨教育管理的民主性原则时，需从以下方面进行细致分析。

第一，民主性原则在教育管理中表现为对教师、学生和家长民主权利的尊重。在教育管理活动中，这三者作为核心利益相关者，其声音和意见应被充分听取和考虑。这意味着教育管理者需要构建开放、透明的管理机制，鼓励并支持他们参与到教育管理的决策和实施过程中来，这种参与不仅限于提出意见和建议，更应体现在决策过程中的实质性影响上。

第二，民主性原则要求教育管理活动必须建立在广泛共识的基础上。通过广泛的参与和讨论，不同利益相关者之间的观点可以得到充分交流和碰撞，进而形成对教育管理决策的共识，这种共识不仅是教育管理决策合法性的基础，也是确保教育管理活动顺利推进的关键。

第三，民主性原则强调教育管理过程的透明度和公信力。透明度意味着教育管理活动应公开、透明，让利益相关者能够了解并监督教育管理的全过程；公信力则要求教育管理决策必须基于公共利益而非个别利益，以确保教育管理活动的公正性和权威性。

第四，民主性原则对于提升教育公平和质量具有重要意义。通过鼓励广泛参与和形成共识，民主性原则可以确保教育管理决策更加符合公共利益和实际需求。同时，通过提高透明度和公信力，民主性原则可以增强教育管理活动的权威性和影响力，进而推动教育公平和质量的提升。

四、教育管理的效率性原则

效率性原则不仅是出于对教育资源的尊重，更是对管理经济学原理的深刻应用。效率性原则要求教育管理者在实施管理过程中，必须致力于提升管理活动的效率，以此达到教育资源的最优化配置和利用。

第一，效率性原则的核心在于采用先进且富有成效的管理策略与工具，旨在最大限度地减少管理过程中的冗余与浪费，这一原则强烈倡导教育管理者应具备前瞻性思维，积极寻求和实施能够显著提高管理效率的方法和手段，这不仅涵盖了对日常行政事务的高效处理，更包括对教学计划、资源配置、人员调度等关键环节的优化管理。

　　第二，效率性原则对成本控制和预算管理提出了明确要求。教育管理者需在保证教育质量的前提下，严格进行成本核算，实施精细化预算管理，以确保每一笔教育投入都能产生最大的社会效益，这种对经费使用的精打细算和合理安排，不仅有助于降低教育机构的运营成本，还能在一定程度上能够提升教育的整体效益。

　　第三，实现效率性原则的关键在于建立一套科学、合理且高效的管理机制，这套机制应能够全面监控管理流程的各个环节，及时发现并解决潜在的低效问题。同时，通过定期评估和反馈，不断调整和完善管理策略，以保持教育机构在激烈竞争中的优势地位。

第二章 教育管理的理论框架

第一节 经典管理理论在教育领域的应用

管理理论，作为一门系统化研究组织管理和行为的学科，自20世纪初以来发展迅速，其主要以泰勒的科学管理理论、法约尔的管理过程理论和韦伯的官僚制理论为代表。这些理论在工业和商业领域取得了显著的成就，然而，其在教育领域的应用却常常被忽视。教育组织同样是复杂的社会系统，其运行需要有效的管理方法来保障教育目标的实现。因此，探讨经典管理理论在教育领域的应用具有重要的理论和实践意义。

一、古典管理理论在教育领域的应用

古典管理理论是指19世纪末20世纪初，对西方管理理论的总称，其由泰勒的科学管理理论、法约尔的管理过程理论、韦伯的古典行政组织理论构成。厄威克和古立克系统整理泰勒、法约尔、韦伯等人的管理理论，提出了适用于一切组织的八项管理组织原则和七种管理职能，并首次将管理的重要性提到应有的地位，即把管理看作任何有组织的社会必不可少的因素，认为其是协调集体、努力达到目标、取得最大成效的过程。古典管理理论强调管理的科学性、精密性和严格性。在组织结构上强调上下严格的等级系统，视组织为一个封闭系统，组织职能的改善仅靠内部合理化，而少考虑外部环境影响，忽视人的心理因素。参见"科学管理理论""组织管理理论"。

（一）泰勒的科学管理理论

泰勒所著的《科学管理原理》一书出版了，这本书对科学管理理论进行了详细阐述。他的科学管理理论体系被称为泰勒制，指应用科学方法确定从事某项工作的最佳方法。泰勒对科学管理作出了巨大贡献，被后人誉为"科学管理之父"。

1. 科学管理的目的

泰勒的科学管理实际上是雇主、雇员双赢的管理思想。他还认为雇主与雇员的真正利益是一致的，除非实现了雇员财富的最大化，否则不可能永久地实现雇主财富最大化，反之亦然；同时满足工人的高薪这一重大需求和雇主的产品低劳工成本的需求，是可能的。不仅如此，泰勒认为科学管理还要实现管理者与工人之间的友好合作。他认为，通过实行科学管理，工人和管理者之间可以彼此和谐相处，在对待各自职责方面、精神面貌上有了彻底改变，两者之间的职责有了新的分工，其亲密无间、友善协作的程度，在过去的管理制度下是不能达到的。这一切如果没有逐步形成的新管理机制的支持，在许多情况下是不可能实现的。

2. 科学管理的内容

（1）劳动定额制。通过对工人操作和劳动时间进行观察和实验研究，规定完成某项工作的标准动作和完成这些动作所需要的时间，从而创造了劳动定额制度。

（2）标准化制。工人在工作时要采用标准的操作方法，原材料、工具、工艺规程等都必须标准化。

（3）差别计件工资制。如果一个工人生产一定标准数量的产品，那么他的收入按某一计件率计算。如果产量超过此标准，则用较高的计件率来计算所有的产品；如果产量低于此标准，则用较低的计件率来计算所有的产品。

（4）职能制。建立与各车间平行的各种科室，去执行各种管理工作的职能。通过这种管理的分工，每个管理者只承担特定的管理职能，这有利于提高管理的效率。

泰勒科学管理的产生是管理发展史上的重大事项。他倡导用科学研究来代替个人判断和经验，他通过研究和实践形成了一整套科学管理制度，这是管理从经验走向科学的至关重要的一步，对管理发展产生了巨大的推动作用。但是泰勒对人的看法是错误的。他的理论建立在"经济人"的基础上，即认为人的一切活动都出于经济动机，忽视了社会因素对人的活动的制约作用。同时，泰勒仅仅解决了个别具体工作的作业效率问题，没有解决企业作为一个整体如何经营和管理的问题。

（二）法约尔的一般管理理论

法约尔于1916年出版了《工业管理与一般管理》一书，在这本书中他提出了他的一般管理理论。法约尔是20世纪上半叶最杰出的管理学家，被誉为"现代经营管理之父"。法约尔的一般管理理论的主要内容主要涵盖以下四个方面。

第一，提出并描述管理的六项基本职能。法约尔认为管理包括六项基本职能：①技术职能，如设计、生产、制造、优化等；②商业职能，如采购、销售、交易等；③财务职能，如筹资、资本效用最大化等；④安全职能，如资产和人员的保全等；⑤会计职能，如存货盘点、资产负债表的制作、成本核算、统计等；⑥管理职能，如计划、组织、指挥、协调、控制等。

第二，提出并阐述管理的五种要素。法约尔是最早将管理的组成要素加以概括和系统论述的管理学家，他认为管理是由计划、组织、协调、指挥、控制这五种要素组成的活动过程。

第三，提炼出十四条管理原则。法约尔认为要执行好管理职能，就要依赖一些原则，也就是说要依托一些已经被论证的、被接受的道理。管理原则指引着管理过程，指引着诸如计划、组织等要素。为此，法约尔提炼出十四条管理原则：劳动分工、权力与责任、纪律、统一指挥、统一领导、个人利益服从整体利益、人员的报酬、集中、等级制度、秩序、公平、人员的稳定、首创精神、人员的团结。

第四，明确员工需要具备的各种能力。法约尔认为，每一个员工都应该具备技术能力、商业能力、财务能力和管理能力等，这些能力都是以一系列的素质与知识为基础的，这些素质与知识包括身体、智力和道德的素质，以及一般文化、专业知识和经验。法约尔认为管理能力可以通过教育来获得，他大力提倡在大学讲授管理学。

法约尔管理理论从较高层次上弥补了泰勒科学管理的不足。由于他强调管理的一般性，所以他的理论在许多方面也适用于政治、军事、教育及其他领域，该理论给实际管理者提供了巨大帮助。法约尔一般管理理论的不足之处是他的管理原则过于僵硬，以至于实际管理者有时难以遵循。

（三）行为科学管理理论

行为科学管理理论[①]，顾名思义，是以人的行为作为研究核心的管理理论。随着工业革命和资本主义的发展，传统的管理方式已无法满足日益复杂的组织需求。行为科学管理理论应运而生，其试图通过深入研究员工的行为规律，找出对待员工的新手法，进而提高组织的整体效能。

1. 行为科学管理理论的主要特点

行为科学管理理论的特点主要体现在以下方面：首先，它强调对人性的全面关注，认为员工不仅是"经济人"，更是"社会人"，其工作动机不仅受经济利益的驱动，还受到社会、心理等多方面因素的影响。其次，行为科学管理理论重视非正式组织的作用，认为非正式组织对员工的行为具有重要影响，管理者应善于利用非正式组织来增强团队的凝聚力和协作能力。最后，该理论主张在管理方式上由监督制裁转向人性激发，强调通过满足员工的社会欲望和提高员工的士气来提高生产效率，实现管理的人性化与民主化。

2. 行为科学管理理论的核心观点

行为科学管理理论的核心观点主要体现在以下方面。

第一，企业的职工是"社会人"。这一观点突破了传统管理理论将员工视为"经济人"的局限，强调了员工的社会属性。员工在工作中不仅追求经济利益，还追求社会地位、人际关系、自我实现等多方面的满足。因此，管理者应更加关注员工的社会性需求，创造有利于员工发展的工作环境。

第二，满足工人的社会欲望，提高工人的士气，是提高生产效率的关键。行为科学管理理论认为，员工的工作效率与其士气密切相关。当员工的社会欲望得到满足，士气高涨时，其工作效率自然会提高。因此，管理者应通过各种方式激

---

① 行为科学理论是20世纪30年代开始形成的一个研究人类行为的新学科，它是一个综合性学科，并且发展成国外管理研究的主要学派之一，是管理学中的一个重要分支。它通过对人的心理活动的研究，掌握人们行为的规律，从中寻找对待员工的新方法和提高劳动效率的途径。

发员工的积极性，提高其工作满意度和归属感。

第三，企业中实际存在着一种"非正式组织"。非正式组织是员工在工作过程中自发形成的，它以感情、兴趣、爱好等为基础，对员工的行为产生重要影响。管理者应正视非正式组织的存在，善于利用其积极作用，促进正式组织与非正式组织的良性互动。

第四，企业应采用新型的领导方法。行为科学管理理论强调领导方式的转变，主张由专断式领导向民主式领导转变。民主式领导注重员工的参与和沟通，能够激发员工的创造力和创新精神，有利于提高组织的整体效能。

二、管理过程理论在教育领域的应用

管理过程理论是一种以管理过程与管理职能为研究对象的管理理论。这种理论认为，管理就是在组织中通过别人或同别人一起完成工作的过程。管理过程与管理职能是分不开的，因而应该对管理职能进行分析，从理性上加以概括，把管理实践中运用的概念、原则、理论和方法结合起来，形成一门管理学科。管理过程理论强调计划、组织、指挥、协调和控制五项管理职能。在教育领域，这些职能同样适用，并且可以通过具体措施加以实现。

第一，计划是管理的首要职能。在教育领域，计划体现在学校的年度工作计划、学期教学计划以及具体的教学计划中。一个科学、合理的计划能够指导学校各项工作的有序开展，确保教育目标的实现。例如，学校可以制定长期的发展规划，明确办学理念和目标，细化各项工作措施，指导学校的可持续发展。

第二，组织职能在教育管理中体现在学校组织结构的设计和人员配置上。一个科学的组织结构能够提高学校管理的效率，确保各项工作任务的有效落实。学校应根据实际情况，设立相应的职能部门，如教学管理、学生管理、后勤保障等部门，明确各部门的职责和工作流程，确保各项工作协同推进。

第三，指挥是管理者通过下达命令、指示，协调各方面工作以实现组织目标的过程。在学校管理中，校长和各级管理者应通过科学的指挥方式，指导教师和学生开展各项活动。例如，通过定期的教师会议，传达学校的工作计划和要求，听取教师的意见和建议，及时调整工作安排，确保教学工作的顺利进行。

第四，协调是指在组织内部，通过各种方式，使各项工作相互配合，以实现组织目标。在教育领域，协调不仅体现在学校内部各部门之间的配合上，还包括学校与外部各方面的协调。例如，学校与家长、社会各界的合作，通过家校联系、社会实践等活动，形成教育合力，共同促进学生的全面发展。

第五，控制是指管理者通过制定标准、监督执行、反馈修正等方式，确保各项工作按计划进行，并实现预期目标。在学校管理中，控制体现在教学质量的监控、学生管理的监督等方面。例如，通过定期的教学质量检查、学生评教、课堂观察等方式，及时发现教学过程中存在的问题，采取相应的改进措施，确保教学质量的不断提升。

第二节　当代教育管理理论

在当代教育领域的广阔天地中，教育管理理论作为支撑教育体系稳健运行与持续创新的基石，正经历着前所未有的变革与发展。这一进程不仅映射出人类社会对教育深刻价值的重新认识，也体现了在复杂多变的社会环境下，教育管理理论与实践相互交织、共同进化的必然趋势。

一、当代教育管理理论的核心要义

教育管理理论，作为一门跨学科的综合性研究领域，其核心在于探讨如何科学、高效地组织、协调和控制教育过程中的各种要素，以实现教育目标的最优化。它融合了教育学、管理学、心理学、社会学等多学科的理论与方法，致力于构建一个既符合教育规律又适应时代需求的管理框架。当代教育管理理论尤为强调以下方面。

第一，过程性与结果性的统一：相较于传统教育管理过分关注结果而忽视过程的倾向，当代教育管理理论更加注重教育管理的过程性。它认为，高效的教育管理不仅应追求最终的教育成果，更需关注管理过程中的每一个环节，确保公平性、透明度和效率性。通过建立健全的合作共享、互动反馈机制，促进教育管理过程的持续优化与调整。

第二，人本主义与管理科学的融合：当代教育管理理论在人本主义思想的指导下，强调以人为中心的管理理念。它认为，教育管理应充分尊重师生员工的主体地位，关注其成长与发展需求，激发其内在潜能与创造力。同时，借鉴现代管理科学的理论与方法，如系统论、控制论、信息论等，提升教育管理的科学化水平，实现人本关怀与管理效率的双重提升。

第三，开放性与适应性的并重：面对日益复杂多变的社会环境，当代教育管理理论强调管理的开放性与适应性。它认为，教育管理应打破封闭式的传统模式，积极吸纳外部环境的资源与信息，保持管理系统的动态平衡。同时，注重培养教育管理者的应变能力与创新意识，以灵活多样的管理策略应对各种不确定性与挑战。

二、当代教育管理理论的发展特征

理论与实践的紧密结合：当代教育管理理论的发展离不开实践的滋养与检验。随着教育改革的不断深入和教育实践的多样化发展，教育管理理论不断吸收新的实践经验与研究成果，形成了一系列具有鲜明时代特色的理论观点与操作模式。这些理论成果又反过来指导教育实践的改革与创新，形成了理论与实践相互促进的良性循环。

多元化与个性化的趋势：在教育全球化与信息化的背景下，当代教育管理理论呈现出多元化与个性化的发展趋势。不同国家、地区乃至教育机构根据自身实际情况与特色需求，探索适合自身发展的教育管理路径与模式。这种多元化的发展趋势不仅丰富了教育管理理论的内涵与外延，也为教育实践提供了更多的选择与可能。

科技赋能与创新驱动：当代教育管理理论的发展还受到科技进步与创新驱动的强大影响。大数据、人工智能、云计算等现代信息技术在教育管理领域的广泛应用，不仅提高了教育管理的效率与精准度，也为教育管理理论的创新提供了强大的技术支持。这些新技术与新方法的应用促使教育管理理论不断突破传统框架的束缚，向更加智能化、个性化的方向发展。

三、当代教育管理理论的实践应用

第一，政府层面的教育管理改革。在政府层面，当代教育管理理论的应用主要体现在教育政策的制定与实施、教育资源的配置与优化等方面。政府通过加强教育立法、完善教育规划、加大教育投入等措施，为教育管理提供坚实的制度保障与物质基础。同时，政府还积极推动教育管理体制改革与创新，如实施管办评分离、"放管服"改革等举措，激发教育机构的活力与创造力。

第二，学校层面的教育管理创新。在学校层面，当代教育管理理论的应用更加注重学校内部管理的优化与提升。学校通过建立健全的管理制度、完善组织结构、加强师资队伍建设等措施，提升教育管理的专业化与规范化水平。同时，学校还积极探索适合自身特点的教育管理模式与方法，如实施扁平化管理、推行精细化管理等举措，提高教育管理的效能与效率。

第三，社会层面的教育管理参与。在社会层面，当代教育管理理论的应用则强调社会各界的广泛参与与协同治理。通过建立健全的教育管理参与机制与平台，吸引家长、企业、社会组织等各方力量共同参与教育管理活动。这种参与不仅有助于提升教育管理的民主化与透明度，还能促进教育资源的共享与优化配置，推动教育事业的全面发展。

第三节　教育管理的多维视角

教育管理作为一门独立的学科，其本质在于通过对教育资源的优化配置和科学管理，促进教育目标的实现。随着全球化进程的推进和信息技术的迅猛发

展，教育管理面临着前所未有的挑战和机遇。在这一背景下，教育管理的多维
视角不仅是对传统管理模式的补充和完善，更是实现教育公平和质量提升的重要
路径。

一、教育管理的文化视角

文化是教育管理的重要维度之一。不同的文化背景对教育管理的影响深远，
从教育理念的形成到教育制度的设计，无不受到文化因素的制约。教育管理需要
尊重和理解不同文化的差异，注重对文化多样性的保护和传承。在全球化背景下，
教育管理不仅要关注本土文化，还要积极融入和吸收世界先进的教育思想和管理
经验，从而实现教育的跨文化交流与合作。

在文化视角下，教育管理者必须认识到文化背景对教育实践的深远影响。例
如，在不同的文化背景中，教师与学生之间的互动方式、课堂管理方法以及教育
目标的设定都会有所不同。东方文化中，教育更多地强调集体主义和尊师重道，
而西方文化则更倾向于个体主义和自由表达。教育管理者需要在这些文化差异中
找到平衡，既尊重本土文化，又吸纳全球教育理念，以提升教育质量。

此外，文化视角还要求教育管理者在制定教育政策和实施教育项目时，充分
考虑文化多样性对教育公平性和包容性的影响。例如，在多元文化背景下，如何
确保少数民族学生获得平等的教育机会，如何在教学内容中融入多元文化元素，
以及如何培养学生的跨文化理解和合作能力，都是教育管理者需要深思熟虑的
问题。

教育管理中的文化视角不仅是对文化多样性的尊重，也是对文化交流与合作
的倡导。在全球化的今天，教育的国际化趋势日益明显，跨文化交流与合作成为
教育管理的重要任务。通过国际交流项目、教师和学生的跨国流动，以及国际课
程的引入，教育管理者可以促进不同文化之间的理解和融合，培养具有全球视野
和跨文化能力的人才。

二、教育管理的伦理视角

伦理视角在教育管理中具有重要地位。教育作为一项关乎人类发展的事业，其管理过程必须遵循基本的伦理准则，确保公平、公正和透明。教育管理者需要在决策过程中充分考虑各种伦理因素，平衡各方利益，维护师生的基本权利和尊严。例如，在制定教育政策时，必须防止和纠正任何形式的歧视和不公，确保每一名学生都能获得平等的教育机会。

第一，教育管理中的伦理视角要求教育管理者在政策制定和实施过程中，始终坚持公平与正义的原则。这意味着，教育资源的分配必须透明和公正，不能因为学生的社会经济背景、性别、种族等因素而有所偏倚。例如，在入学政策和奖学金发放中，应尽量减少对弱势群体的歧视，为其提供更多的支持和帮助，使他们能够平等地享受教育资源。

第二，伦理视角强调教育管理过程中的责任与义务。教育管理者不仅要对学生负责，还要对教师和其他教育工作者负责。这包括维护教师的合法权益，改善教师的工作条件，提高教师的薪酬待遇，以及提供必要的职业发展机会。同时，还要关注教师的心理健康，帮助他们减轻职业压力，提高其职业幸福感和工作满意度。

第三，伦理视角还涉及教育管理中的透明度和公众参与性。教育管理者应当通过公开和透明的管理方式，增强教育管理的公信力和合法性。例如，在教育政策的制定过程中，应广泛征求教师、学生、家长以及社会各界的意见和建议，确保政策的科学性和可行性。同时，还应建立有效的监督和评估机制，及时发现和纠正管理过程中的问题和不足。

第四，伦理视角还要求教育管理者在面临利益冲突和道德困境时，能够做出符合伦理原则的决策。例如，在教育经费紧张的情况下，如何在保证基本教育需求的前提下，合理分配有限的资源；在应对突发公共事件（如疫情）时，如何在保障师生健康安全的同时，尽量减少对教育教学活动的影响；在处理教师与学生之间的冲突时，如何公平公正地解决问题，维护各方的合法权益。

三、教育管理的经济视角

教育与经济的发展密切相关，教育管理的经济视角主要关注教育资源的有效配置和利用。教育管理者需要具备良好的经济素养，通过科学的规划和管理，提高教育资金的使用效率，促进教育与经济的协调发展。教育投资不仅是一种经济行为，更是一种社会责任，通过合理的教育投资，可以实现教育质量的提升和社会公平的进步。

第一，教育管理中的经济视角要求教育管理者具备全面的经济知识和技能，以便在资源有限的情况下，做出最优的资源配置决策。这包括预算编制、财务管理、成本控制等方面的内容。例如，在教育预算编制过程中，教育管理者需要合理分配资金，确保教育教学活动的顺利进行，同时还要留有一定的应急储备，以应对突发情况。

第二，经济视角强调教育资源的高效利用。教育管理者应通过科学的管理手段，最大限度地提高教育资源的使用效率。例如，利用信息技术手段进行教育资源的共享和整合，减少重复建设和资源浪费；通过校企合作、社会捐赠等方式，拓展教育资金的来源，以缓解教育经费紧张的局面；通过加强教育管理信息系统（EMIS）的建设和应用，提高教育管理的效率和质量。

第三，经济视角还要求教育管理者关注教育投资的效益和回报。教育作为一种长期投资，其效益和回报不仅体现在个人的职业发展和收入水平上，还体现在社会经济的发展和进步上。例如，通过合理的教育投资，可以提高劳动者的素质和技能，增强国家的竞争力和创新能力；通过提高教育质量和公平性，可以促进社会的和谐和稳定，减少社会矛盾和冲突。

第四，经济视角还涉及教育管理中的成本效益分析。教育管理者应当通过科学的成本效益分析，评估不同教育项目的经济效益和社会效益，以便做出最优的决策。例如，在选择教育技术设备和教材时，应综合考虑其成本和效益，选择性价比最高的产品；在规划教育建设项目时，应充分考虑其经济可行性和长期效益，避免盲目投资和资源浪费。

四、教育管理的技术视角

技术进步为教育管理带来了新的机遇和挑战。现代教育管理需要充分利用信息技术的优势，通过数字化和智能化手段，提高管理的效率和水平。例如，教育管理信息系统的建设和应用，可以实现教育数据的实时采集和动态分析，为教育决策提供有力支持。同时，在线教育平台的兴起，为教育资源的共享和普及创造了条件，推动了教育管理模式的创新和变革。

第一，技术视角强调信息技术在教育管理中的应用。教育管理者应通过引入和应用先进的信息技术手段，提高教育管理的效率和质量。例如，利用大数据技术，可以实现教育数据的实时采集和动态分析，为教育决策提供科学依据；利用人工智能技术，可以实现教育管理过程的自动化和智能化，提高管理的效率和精度；利用云计算技术，可以实现教育资源的共享和协同，减少重复建设和资源浪费。

第二，技术视角强调教育管理模式的创新和变革。信息技术的应用，不仅改变了传统的教育管理模式，也为教育管理带来了新的发展机遇。例如，通过在线教育平台，可以实现教育资源的广泛传播和共享，使更多的学生能够享受到优质的教育资源；通过教育管理信息系统，可以实现教育管理的透明化和科学化，提高管理的效率和效果；通过虚拟现实技术，可以实现教学内容的生动化和直观化，提升学生的学习兴趣和效果。

第三，技术视角还要求教育管理者关注技术进步带来的挑战和问题。例如，信息技术的应用可能带来数据安全和隐私保护的问题，教育管理者需要采取有效的措施，确保教育数据的安全和学生的隐私不受侵犯；在线教育的普及可能导致教育质量的不均衡，教育管理者需要通过规范和监管，确保在线教育的质量和效果；信息技术的快速发展可能带来技术更新和设备淘汰的问题，教育管理者需要通过合理的规划和管理，确保教育技术设备的更新和维护。

五、教育管理的心理视角

心理学作为一门研究人类行为和心理活动的科学，对于教育管理具有重要的指导意义。教育管理者需要充分考虑师生的心理需求，创造一个有利于心理健康的教育环境。通过心理辅导和支持体系的建设，帮助学生克服学习和生活中的心理困扰，提高他们的心理素质和自我调适能力。此外，教育管理部门还应关注教师的职业压力和心理健康，通过有效的激励机制和支持措施，提升教师的工作积极性和满意度。

第一，心理视角强调教育管理中对学生心理健康的关注。教育管理者应通过建立健全的心理辅导和支持体系，帮助学生克服学习和生活中的心理困扰。例如，通过开设心理辅导课程和心理咨询室，为学生提供专业的心理辅导和咨询服务；通过开展心理健康教育活动，提升学生的心理健康意识和自我调适能力；通过建立心理危机干预机制，及时发现和干预学生的心理问题，防止学生心理问题的恶化。

第二，心理视角强调教育管理中对教师心理健康的关注。教师作为教育过程中的关键环节，其心理健康状况直接影响到教育质量和效果。教育管理者应通过改善教师的工作条件和环境，来减少教师的职业压力，提升教师的职业幸福感和工作满意度。例如，通过合理的工作负荷分配，减少教师的工作压力；通过提供职业发展机会和培训，提升教师的职业能力和自信心；通过建立教师支持系统，提供情感和心理支持，帮助教师缓解职业压力和心理困扰。

第三，心理视角还涉及教育管理中的激励机制和支持措施。教育管理者应通过科学的激励机制，激发教师和学生的积极性和创造性。例如，通过设立奖学金和奖励制度，激励学生努力学习；通过建立绩效评估和奖励制度，激励教师不断提升教学质量和水平；通过提供职业发展机会和支持措施，帮助教师实现职业目标和个人发展。

总而言之，教育管理的多维视角为教育管理者提供了一种全面和深入的思考方式，使他们能够在复杂多变的教育环境中，做出科学和合理的决策，推动教育质量的提升和教育公平的实现。这不仅有助于提升教育管理的水平和效果，也为教育的可持续发展提供了有力支持。

第三章　教师教育管理及其创新

第一节　教师管理的地位与作用

一、教师管理的地位

（一）教师管理对教育质量的决定性影响

在教育管理实践中，教师是最直接、最关键的参与者和实施者，因此，教师管理对教育管理质量的影响具有决定性作用。科学合理的教师管理能够确保教师具备专业的教学能力和高尚的师德风范，为学生提供优质的教育服务。具体而言，教师管理可以通过以下方面来提升教育质量。

第一，提升教师的专业能力。通过严格的教师资格认证和持续的职业培训，确保教师具备扎实的专业知识和技能。定期的教学评估和反馈机制，有助于教师不断改进教学方法和提高教学水平。

第二，加强教师的师德建设。注重教师的职业道德教育，强化教师的责任感和使命感。通过表彰优秀教师和树立先进典型，激励教师践行高尚的师德，形成良好的师德风尚。

第三，激发教师的积极性和创造力。通过合理的激励机制，如绩效奖励、职称晋升等，激发教师的工作热情和创新精神。鼓励教师进行教育教学改革，探索新的教学模式和方法，推动教育质量的不断提升。

第四，教学方法的创新。教师管理能够促进教学方法和手段的创新。例如，鼓励教师运用现代信息技术开展教学，提高教学的互动性和趣味性，增强学生的学习兴趣和效果。

（二）教师管理对教育资源优化配置的重要性

教育资源是教育发展的基础，教师管理是实现教育资源优化配置的关键环节。通过科学的教师管理，可以实现教育资源的最大化利用，具体体现在以下方面。

第一，合理规划教师队伍。根据学校和地区的教育需求，科学规划教师的数量和结构，确保每个学科和年级都有足够的教师资源。通过教师调配和招聘，解决教师短缺和结构不合理的问题。

第二，加强教师培训。通过开展多层次、多形式的教师培训，提升教师的专业水平和教学能力。培训内容应涵盖新课程标准、教学方法创新、信息技术应用等方面，确保教师能够适应教育管理发展的需求。

第三，优化教师配置。根据学校和地区的实际情况，合理配置教师资源，促进教育资源的均衡分布。通过教师轮岗、支教等措施，缩小城乡、区域之间的教育差距，推动教育公平的实现。

第四，引进优秀教师。通过制定优惠政策和激励措施，吸引优秀教师到教育资源匮乏的地区任教，提升这些地区的教育质量。建立科学的人才引进机制，确保引进的教师能够快速融入教育管理工作。

（三）教师管理在教育组织中的核心地位

在现代教育管理体系中，教师管理占据着至关重要的核心地位。教师作为教育活动的直接实施者，其专业素养、工作态度以及教学方法直接影响着教育质量。因此，教师管理不仅关系到教师的个人发展，更与整个教育管理体系的运行效率和教育管理质量的提升密切相关。

第一，教师管理是对教师资源进行有效配置的过程。在有限的教育资源下，如何合理分配教师资源，使其在教育活动中发挥最大效能，是教师管理的重要任务。通过科学的教师配置，可以确保教育资源的均衡分布，满足不同地区、不同学校的教育需求，这不仅有助于提高整体教育水平，还能减少教育资源分配不均所带来的问题，从而实现教育公平。

第二，教师管理是对教师行为进行有效规范和引导的过程。教师的行为举止、教学方法以及教育理念都会对学生产生深远影响，而通过教师管理，可以规范教师的行为，引导其树立正确的教育观念，采用科学的教学方法，从而提高教育质量。教师管理通过制定行为规范、组织教学培训和提供专业指导，确保教师在教育教学中保持高水平的专业素养和良好的职业道德。

二、教师管理的作用

（一）发挥教师管理对教师个人发展的推动作用

第一，教师管理通过提供系统的培训和进修机会，帮助教师提升自身专业素养，这些培训和进修机会不仅有助于教师更新知识结构、掌握新的教学方法，还有助于提高教师的教育理念和职业素养。通过定期的专业发展活动，教师可以不断学习和吸收最新的教育理论和实践经验，从而在教学中更加游刃有余。

第二，教师管理通过建立科学的激励机制，激发教师的工作积极性和创造力。通过设立奖励制度、提供晋升机会等方式，可以激励教师更加努力地工作，不断追求更高的教育成果。同时，教师管理还需要关注教师的心理健康和职业发展，为教师提供必要的心理支持和职业发展指导，帮助教师实现自我价值。通过设立心理咨询、职业发展规划等服务，教师管理能够帮助教师解决职业压力和困惑，从而保持良好的工作状态。

（二）教师管理对教育管理质量提升的促进作用

第一，通过教师管理，可以确保教师具备较高的专业素养和教育教学能力，这些教师能够运用科学的教学方法，有效地传授知识、培养学生的能力和素质，从而提高教育质量。通过严格的教师资格审查和持续的职业发展培训，教师管理能够保证每一位教师都具备高水平的专业能力和教学技巧。

第二，教师管理有助于形成良好的教育氛围。通过规范教师的行为举止、引导教师树立正确的教育观念等方式，可以营造一个积极向上、和谐融洽的教育环境，这种环境有助于激发学生的学习兴趣和积极性，促进学生的全面发展。教师管理通过营造尊重、理解和支持的教学氛围，使学生在愉快和谐的环境中学习成长，从而全面提升教育质量。

第三，教师管理有助于优化教育管理资源的配置。通过科学的教师配置，可以确保教育管理资源的均衡分布，使每名学生都能享受到优质的教育管理资源。同时，教师管理还可以促进学校与社区、家庭之间的合作与交流，形成教育合力，共同推动教育质量的提升。通过与家长、社区的紧密合作，教师管理能够充分利用社会资源，为教育教学提供全方位的支持。

（三）发挥教师管理对教师专业发展的引导作用

教师专业发展是教师职业生涯中的重要组成部分，也是提高教育管理质量的关键环节。教师管理通过提供多样化的专业发展机会和途径，促进教师的专业成长和进步，具体体现在以下方面。

第一，组织教研活动。通过定期的教研活动，促进教师之间的交流与合作。教研活动应注重解决实际教学中的问题，提升教师的教学能力和专业水平。

第二，开展课题研究。鼓励教师参与教育科研，开展课题研究。通过研究和实践，教师可以不断反思和改进自己的教学方法，提高专业素质。

第三，参与学术交流活动。为教师提供参与学术会议和交流活动的机会，拓宽教师的学术视野，提升教师的学术水平和专业素养。通过学术交流，教师可以了解教育领域的最新发展和研究成果，将其应用到教育管理实践中。

第四，个性化指导和支持。教师管理应注重教师的个性化发展需求，提供有针对性的指导和支持。通过教师专业发展计划、导师制度等，帮助教师解决在职业生涯中遇到的各种问题和困惑，促进教师的全面发展。

（四）发挥教师管理在教育创新中的引领作用

在教育的持续发展中，创新是推动其不断前进的核心动力。教师管理在教育创新中的引领作用，主要体现在以下方面。

第一，激励教师探索新教育理念与技术。教师管理通过提供持续的专业培训和发展支持，鼓励教师深入了解最新的教育理念和技术手段，并激励他们将这些新思想、新方法应用到教学实践中。通过举办教学研讨会、创新竞赛等活动，为教师提供一个展示和交流的平台，从而激发教师的创新思维和创造力。

第二，引导教育模式的改革与创新。教师管理在推动教育模式改革和创新中扮演着重要角色。通过组织教师参与课程改革、教学改革等实践活动，引导教师从传统的教育模式向更加注重学生主体性和创新性的模式转变。同时，教师管理还积极支持和鼓励教师进行教学实验和创新实践，从而推动教学方法和教育模式的不断进步。

（五）发挥教师管理在教育改革中的指导作用

教育改革是推动教育管理发展的重要动力，而教师管理在教育改革中发挥着重要的引领作用。随着教育改革的不断深入，教育目标、教学内容和教学方法等方面都发生了深刻的变化，这对教师提出了新的要求和挑战。教师管理在教育改革中的引领作用体现在以下方面。

第一，促进教师能力的提升。教育改革对教师的能力提出了更高的要求，教师管理需要采取相应措施来提升教师的专业素养和教学能力。通过组织定期的培训和进修活动，帮助教师更新知识、提升技能，以适应新课程、新教材和新教学方法的要求。同时，教师管理应关注教师的创新能力培养，鼓励教师在教学实践中勇于创新、敢于尝试。

第二，支持教师的专业发展。教育改革需要教师不断学习和成长，教师管理应为教师的专业发展提供有力支持。通过组织各种形式的教研活动、课题研究、学术交流等活动，为教师提供丰富的专业发展机会。同时，教师管理还应关注教师的职业生涯规划和发展路径设计，帮助教师明确职业目标和发展方向。

第三，优化教师工作环境。良好的工作环境是教师投入教育教学工作的重要保障。教师管理应关注教师的工作环境需求，为教师提供必要的教学资源和支持。通过完善教学设施、提高教师待遇、减轻工作负担等方式，增强教师的职业幸福感和工作满意度。此外，教师管理还应关注教师的心理健康问题，为教师提供必要的心理支持和帮助。

第四，搭建教师交流与合作平台。教师之间的交流与合作是推动教育发展的重要途径。教师管理应搭建一个开放、互动的交流平台，促进教师之间的经验分享和共同进步。通过组织各种形式的教学研讨和交流活动，推动教师在实践中学习和创新。同时，教师管理还应加强与其他教育机构的合作与交流，引进先进的教育理念和教学经验，推动教育改革的深入发展。

（六）教师管理在构建良好教育生态中的作用

教育生态是指教育系统内部各要素之间相互作用、相互依存的关系和状态。在构建良好教育生态的过程中，教师管理发挥着不可或缺的作用。具体表现在以下方面。

第一，教师管理通过加强教师职业道德建设，营造了积极向上的教育氛围。教师作为教育生态中的关键角色，其职业道德和行为对学生的成长和发展具有重要影响。教师管理通过制定职业道德规范、加强师德师风建设等措施，能够引导教师树立正确的教育观念和价值观，形成良好的师风师德。

第二，教师管理通过团队建设和合作活动，增强了教师之间的凝聚力和向心力。在教育生态中，教师之间的合作与互助至关重要。教师管理通过组织团队建设活动、鼓励教师之间的协作与分享等措施，促进了教师之间的沟通和交流，增强了教师之间的凝聚力和向心力，这种凝聚力和向心力有助于形成团结协作、共同发展的良好氛围。

第三，教师管理注重加强学校、家庭和社会之间的沟通与合作。教育管理是一个系统工程，需要学校、家庭和社会共同参与，教师管理通过加强家校共育、推动社区参与等方式，促进了学校、家庭和社会之间的有效沟通和合作，这种沟通和合作有助于形成教育合力，提高教育效果。

第四，教师管理在构建和谐的师生关系中发挥着重要作用。师生关系是教育生态中的重要组成部分，对学生的成长和发展具有重要影响。教师管理通过关注师生关系的构建和维护，促进了师生之间的互动和理解。通过教师的言传身教和关爱引导，教师可以培养学生的良好品德和行为习惯，促进学生的全面发展。

第二节 教师专业培养共同体构建

一、教师专业培养共同体构建的目标和宗旨

（一）教师专业培养共同体构建的目标

"教师专业培养总是遵循一定的培养取向，这种培养取向始终体现着特定社会发展阶段的社会特征和文化形态。"[1] 高校教师专业培养共同体构建的核心目标，旨在通过集体学习、深度交流和广泛实践，实现教师专业知识体系的更新、教学技能的精进以及教育教学理念的革新。这一目标的确立，不仅体现了对教师专业发展全过程的全面关照，也反映了高等教育对高质量教育资源和优秀教育实践的迫切需求。

第一，专业知识的更新与拓展。高校教师专业培养共同体作为一个知识共享和交流的平台，其首要任务便是促进教师专业知识的更新与拓展。通过组织定期的学术交流活动，如学术讲座、研讨会等，汇聚学科领域的最新研究成果和前沿理论，为教师提供及时、准确的信息资源。同时，通过专题研讨和深入讨论，还能激发教师的学术兴趣，促进知识的内化与转化，使教师能够不断吸收新知识、新思想，保持学术上的敏锐性和前瞻性。

第二，教学技能的精进与提升。教学技能是教师专业素养的重要组成部分，也是影响教学效果的关键因素。通过组织教学示范、课堂观察和教学评估等活动，能够为教师提供提升教学技能的有效途径。在这些活动中，教师可以观摩优秀教师的教学实践，学习其教学方法和技巧；同时，通过课堂观察和教学评估，教师可以及时发现自身在教学中的问题和不足，从而有针对性地改进和提高。此外，还可以鼓励教师之间进行教学方法的交流和分享，通过互相学习和借鉴，实现教

---

① 李睿.教师专业培养的新取向 [J].中国教师，2012（7）：52.

学技能的共同进步。

第三，教育理念的革新与实践。教育理念是指导教学实践的思想基础，也是推动教育创新的重要动力。通过引入先进的教育思想和教学模式，为教师提供了接触和了解最新教育理念的机会。同时，鼓励教师将新的教育理念应用于教学实践中，通过实践探索和反思总结，推动教育理念的创新和实践，这种理念与实践的相互促进，不仅有助于提升教师的教学水平和专业素养，也有助于推动高校教育教学的整体进步和发展。

（二）教师专业培养共同体构建的宗旨

高校教师专业培养共同体构建的宗旨，旨在通过营造一个开放、包容、互助的学习环境，促进教师的个人成长和专业发展，这一宗旨的确立，体现了对教师个人发展的关注和支持，也反映了高等教育对人才培养质量的重视和追求。

第一，开放包容的学术氛围。高校应秉持开放包容的学术态度，鼓励教师之间的自由交流和思想碰撞。通过组织多样化的学术活动，如学术沙龙、读书会等，营造一个宽松、自由的学术氛围，使教师能够充分表达自己的观点和想法，激发学术创新的活力。同时，尊重教师的学术选择和研究方向，鼓励教师根据自己的兴趣和专长进行深入研究，形成自己的学术风格和特色。

第二，互助合作的学习机制。高校应建立互助合作的学习机制，鼓励教师之间的相互帮助和共同进步。通过组织集体备课、教学研讨等活动，能够促进教师之间的教学交流和经验分享，使教师能够相互学习、相互借鉴，实现教学上的共同提升。同时，还应建立学习激励机制，对在学习和研究中取得显著成绩的教师给予表彰和奖励，激发教师的学习热情和积极性。

第三，持续发展的个人成长。高校教师专业培养共同体构建的最终目标，是实现教师的个人成长和专业发展。因此，应关注教师的个人需求和发展规划，为教师提供个性化的学习和发展支持。通过制定个性化的学习计划和发展规划，能够帮助教师明确自己的发展方向和目标，实现自我驱动的学习和成长。同时，还应为教师提供必要的资源和支持，如图书资料、网络资源、研究经费等，为教师的学习和发展提供有力保障。

二、教师专业培养共同体构建的运行机制

（一）关注教师的个性化需求

在构建高校教师专业培养共同体的过程中，需要关注教师的个性化需求。每位教师都拥有独特的教学风格、研究兴趣和专业背景，这些个性化需求是推动教师持续成长的重要动力，教育管理者应充分尊重教师的个性化需求，为其提供多样化的学习资源和发展机会。

第一，建设全面且个性化的在线学习平台。构建一个全面、系统且个性化的在线学习平台，应涵盖各个学科领域的专业课程和教学资源，满足教师自主学习的需求。同时，平台还应具备智能推荐功能，根据教师的学习历史和兴趣偏好，为其推荐合适的课程和资源。

第二，组织专题研讨会和学术沙龙。根据教师的不同需求，定期组织专题研讨会和学术沙龙，这些活动应围绕教师关注的热点问题、前沿技术和教学方法等展开，鼓励教师深入交流和探讨，形成学术氛围和合作精神。

第三，邀请专家学者进行学术讲座和交流。积极邀请国内外知名专家学者来校进行学术讲座和交流，这些专家学者不仅能为教师带来最新的学术动态和研究成果，还能帮助教师拓宽学术视野，激发创新思维，提高学术素养。

第四，通过关注教师的个性化需求，能够为教师提供丰富的学习资源和发展机会，帮助教师不断更新知识结构，掌握先进的教学方法，提高教学水平。

（二）注重实践环节的培养

高校教师专业培养共同体构建不仅要关注教师的理论知识学习，还要注重实践环节的培养。实践环节是教师将理论知识转化为教学能力的重要途径，也是提高教师职业素养和教学质量的关键环节。

第一，鼓励教师参与实际教学项目，如课程开发、教学改革实验等，这些项目不仅能让教师积累丰富的教学经验，还能让教师深入了解学生的学习需求和问

题，从而更好地指导教学实践。

第二，推动课程设计和创新等活动，鼓励教师打破传统的教学框架和模式，探索新的教学方法和手段，以更好地适应学生的学习需求和发展趋势。

第三，重视教师的学生指导能力培养。通过组织学生参与科研项目、毕业论文等活动，让教师在实践中锻炼和提升指导能力。同时，还可以为教师提供学生指导方面的培训，帮助教师更好地完成学生指导工作。

第四，组织教师赴企业、行业进行实地考察和学习。这些活动可以让教师更加深入地了解学科知识的应用和发展方向，从而增强教师的职业素养和实践能力。通过与实际工作的紧密结合，教师可以更好地理解学生的学习需求和问题，从而更好地指导教学实践。

第五，在实践环节的培养中，注重教师的主体地位和参与性，鼓励教师积极参与各类实践活动和项目，为教师提供必要的支持和帮助。同时，还应建立完善的评价和反馈机制，及时对教师的实践成果进行评价和反馈，帮助教师不断改进和提高。

（三）加强与外部环境的互动与合作

高校教师专业培养共同体的构建需要注重与外部环境的互动与合作。通过与其他高校、研究机构、企业等建立合作关系，可以引进更多的优质资源和先进经验。

第一，高校联盟的构建。积极与其他高校建立合作关系，共同构建高校教师专业培养联盟，这一联盟可以共享教学资源和培训经验，实现优势互补和资源共享。通过高校联盟的构建，可以扩大自己的影响力，吸引更多的优秀教师加入其中，共同推动教师专业发展。

第二，合作研究项目的开展。与研究机构和企业联合开展教学研究项目，这些项目可以针对某一特定的教学问题或教育现象进行深入的研究和探讨，通过合作研究提升教师的科研和教学能力。同时，合作研究项目还可以为共同体引进更多的研究资金和设备支持，为共同体的持续发展提供有力保障。

第三，社会服务活动的参与。积极参与社会服务活动，将教师的专业知识和能力转化为社会价值。通过参与社会服务活动，教师可以深入了解社会需求和教育现状，从而更有针对性地进行教学和研究工作。同时，社会服务活动还可以提升高校教师专业培养共同体的社会影响力和知名度，吸引更多的关注和支持。

（四）关注教师的心理健康和职业发展

在深入探索高校教师专业培养共同体的构建过程中，应关注教师的心理健康与职业发展，这不仅关乎教师个人的福祉，更直接关系整个教育系统的质量和效率。因此，需精心设计一系列措施，以全面支持教师的心理健康和职业发展。

1. 心理健康支持机制

针对教师在教育实践中可能面临的压力与挑战，高校应建立一套完善的心理健康支持机制。首先，设立专门的心理辅导室，配备专业的心理咨询师，为教师提供个性化的心理咨询服务，这些服务旨在帮助教师识别和处理工作中的负面情绪，如焦虑、抑郁等，以减轻他们的心理压力；其次，定期组织心理健康讲座和培训，提升教师对心理健康重要性的认识，并教授他们有效的压力管理和情绪调节方法。通过这些活动，教师不仅能够增强自我心理调适的能力，还能够更好地应对教育实践的挑战。

2. 职业发展支持机制

首先，高校应设立职业发展规划咨询服务，为教师提供个性化的职业发展规划建议和指导，这些服务旨在帮助教师明确自己的职业目标和发展方向，制定切实可行的职业发展计划；其次，高校应为教师提供多样化的职业发展机会和资源。例如，组织教师参加国内外学术会议和研讨会，拓宽他们的学术视野和交流渠道；邀请知名学者和专家来校进行学术讲座和指导，提升教师的学术水平和专业素养；设立科研基金和奖励机制，鼓励教师开展科研工作和发表高质量学术论文。

3. 工作氛围建设

通过组织团队建设活动、举办教师文化节等方式，营造积极向上、和谐融洽的工作氛围，这种氛围不仅能够增强教师之间的合作与交流，还能够提升教师的归属感和凝聚力，进一步激发他们的工作积极性和创造力。

第三节　教师专业胜任力提升路径

在高等教育日益受到重视的今天，高校教师的专业胜任力成为衡量其教育质量的重要指标。教师作为知识的传播者、学术的探索者以及学生成长的引导者，其专业胜任力的提升不仅关乎个人的职业发展，更对教育质量和学术水平的整体提升具有深远影响。"高校教师作为一种职业满足了专业化特征的全部要求，同时，提升高校教师的专业化水平是整个社会发展的要求。"[①] 专业胜任力不仅包含教师的专业知识储备和教学技能，还涵盖其学术研究能力、职业道德素养以及持续学习的能力等多个方面，这些要素共同构成了高校教师专业胜任力的核心框架。提升教师专业胜任力对于教育质量的提升、学生全面发展及教师个人职业发展均具有重要意义：首先，高质量的教育教学依赖于教师的高水平专业能力，只有具备丰富专业知识和卓越教学技能的教师，才能有效激发学生的学习兴趣，提升学习效果；其次，教师专业胜任力的提升有助于促进学生的全面发展，通过因材施教、关注学生个体差异，教师能够更好地满足学生的多样化需求，促进其综合素质的提升；最后，提升教师专业胜任力也是教师个人职业发展的内在要求，有助于增强教师的职业认同感和归属感，推动其持续成长与进步。教师专业胜任力的提升路径主要包括以下方面。

一、专业知识与教学技能的更新与深化

（一）知识更新机制的构建与完善

在当今这个信息高速发展的时代，专业知识的发展速度之快令人目不暇接。对于高校教师而言，保持其专业知识的前沿性和时效性显得尤为重要。因此，构

---

① 蔡琳，蒋柯.高校教师胜任力研究的专业化进路 [J].心理研究，2015，8（3）：57.

建一个完善的知识更新机制，为教师提供持续学习的机会和平台，成为高校必须面对和解决的问题。

第一，定期举办学术研讨会。作为教师交流学术思想、分享研究成果的重要平台，学术研讨会在知识更新中扮演着举足轻重的角色。高校应定期举办各类学术研讨会，邀请校内外专家、学者举办讲座，进行深入的学术交流和研讨，不仅为教师提供了了解最新学术动态和研究成果的机会，同时也促进了教师之间的思想碰撞和学术创新。

第二，建立在线学习平台。随着互联网技术的不断发展，在线学习已经成为教师获取新知识、新技术的重要途径。高校应顺应这一趋势，积极建立在线学习平台，为教师提供丰富的学习资源和课程，这些资源可以包括最新的学术文献、教学案例、教学方法等，使教师能够随时随地进行学习，不断充实自己的专业知识库。

第三，鼓励教师参加专业培训。专业培训是教师提升专业技能和知识水平的重要途径。高校应积极鼓励教师参加各类专业培训，如教学方法、教育技术、学科前沿等方面的培训，这些培训不仅可以帮助教师掌握最新的教学技能和学科知识，还可以拓宽教师的视野，提高其综合素质。

（二）教学技能培训的加强

教学技能是教师传授知识、培养学生能力的重要手段。一个优秀的教师不仅需要具备扎实的专业知识，还需要掌握先进的教学方法和技能。因此，高校应重视教师教学技能的培训，通过组织各种教学活动，提升教师的教学水平和能力。

第一，组织教学观摩活动。教学观摩是教师相互学习、借鉴教学经验的重要方式。高校可以定期组织教学观摩活动，邀请优秀教师进行示范教学，让其他教师观摩学习。在观摩过程中，教师可以学习到优秀教师的教学方法和技巧，同时也可以发现自己的不足之处，从而不断改进自己的教学方式。

第二，开展教学比赛活动。教学比赛是检验教师教学水平和能力的重要平台。高校可以定期开展教学比赛活动，鼓励教师积极参与。通过比赛，教师可以展示自己的教学水平和能力，也可以从其他教师身上学习到更多的教学方法和技巧。此外，教学比赛还可以激发教师的教学热情和创新精神，推动教学质量的不断提升。

第三，建立教学导师制度。对于新教师而言，他们往往缺乏教学经验和技能。为了帮助他们快速适应教学工作，提升教学技能，高校可以建立教学导师制度。具体而言，高校可以为新教师配备教学导师，由经验丰富的老教师对其进行指导和帮助。在教学导师的引导下，新教师可以更快地掌握教学方法和技巧，同时也可以从他们身上学习到更多的教学经验和智慧，这不仅有助于新教师的成长和发展，也有助于整个教师队伍的素质提升。

二、学术研究能力的培育与提升

（一）科研团队建设的加强

在高等教育领域，学术研究能力的培育与提升是一项系统工程，其中科研团队的建设扮演着举足轻重的角色。科研团队作为学术研究的重要载体，不仅有助于教师间知识、技能的交流与互补，还能通过团队合作提升教师的科研能力和水平。因此，高校应当从以下方面深化和加强科研团队的建设。

第一，设立科研团队专项基金。为了支持教师组建科研团队并开展科研项目，高校应当设立专门的科研团队专项基金，这笔基金不仅能为教师提供必要的经费支持，保障科研项目的顺利进行，还能激发教师的科研热情和创新精神。通过设立科研团队专项基金，高校可以鼓励更多的教师参与到科研团队中来，形成优势互补、资源共享的科研格局。

第二，构建科研团队交流平台。为了促进科研团队成员之间的沟通和协作，提高科研团队的整体实力，高校应当构建科研团队交流平台，可以以线上或线下的论坛、研讨会或工作坊等形式，为各科研团队提供交流和合作的机会。通过科研团队交流平台，教师可以分享最新的研究成果、交流科研经验、探讨科研难题，从而实现知识的共享和互补。同时，科研团队交流平台还能为科研团队提供外部资源的链接和对接机会，拓宽科研团队的资源获取渠道。

第三，积极引入外部科研力量。为了丰富科研团队的资料来源，提升其科研实力，高校应当积极引入外部科研力量，这些外部科研力量可以来自企业、研究机构、其他高校或国际组织等。通过与外部科研力量的合作，教师可以获得更多的科研资源和机会，如实验设备、数据资源、研究资金等。同时，外部科研力量的引入还能为科研团队带来新的研究思路和方法，推动科研团队的创新和发展。

（二）学术交流与合作的拓展

学术交流与合作是提升教师学术研究能力的重要途径，通过与国际同行进行学术交流与合作，教师可以了解最新的学术动态和研究成果，拓宽自己的学术视野和思路。因此，高校应当积极支持教师参与国内外学术交流与合作活动，为教师提供更多的学术资源和机会。

第一，鼓励教师参加学术会议。学术会议是教师了解最新学术动态、交流研究成果的重要平台，高校应当积极鼓励教师参加国内外学术会议，为教师提供必要的经费和时间支持。通过参加学术会议，教师可以与来自世界各地的专家学者进行面对面的交流，了解最新的研究成果和研究动态。同时，教师还可以在会议上展示自己的研究成果，与其他学者进行深入的讨论和合作。

第二，建立国际学术合作机制。为了拓宽教师的国际视野和增强其在国际学术界的竞争力，高校应当与国际知名高校、研究机构建立合作关系，这些合作关系可以包括共同开展科研项目、联合培养研究生、互派访问学者等。通过与国际知名高校、研究机构的合作，教师可以接触到更多的国际前沿研究成果和先进的研究方法，从而提升自己的学术研究能力和水平。

第三，支持教师参与国际学术交流项目。为了进一步提升教师的国际视野和竞争力，高校应当支持教师参与国际学术交流项目，这些项目可以包括访问学者、博士后研究、国际科研合作等。通过这些项目，教师可以到国外知名高校或研究机构进行短期的学术访问或研究，与国际同行进行深入的交流和合作。在访问期间，教师可以了解国外的科研环境、研究方法和最新研究成果，从而拓宽自己的学术视野和思路。同时，教师还可以与国外的专家学者建立联系和合作关系，为今后的科研工作奠定坚实的基础。

三、职业道德素养的教育培养

（一）职业道德素养的师德培育

1. 师德培育的重要性

在教育事业蓬勃发展的今天，师德培育作为提升教师队伍整体素质、促进教育公平与质量提升的关键环节，其重要性日益凸显。师德，即教师的职业道德，是教师在教育教学活动中应遵循的行为规范和道德品质的总和，它不仅关乎教师个人的职业形象与声望，更直接影响到学生的健康成长、社会的道德风尚乃至国家的未来发展。因此，深入探讨师德培育的重要性，对于构建高质量教育体系、培养德智体美劳全面发展的社会主义建设者和接班人具有深远意义。

（1）师德是教师职业的灵魂。教师作为知识的传播者、智慧的启迪者、品德的塑造者，其言谈举止对学生具有极强的示范性和影响力。高尚的师德是教师职业的灵魂，它体现在教师对待教育事业的忠诚与热爱、对待学生的关爱与尊重、对待同事的协作与包容以及对待学术的严谨与诚信等方面。这种内在的精神力量，能够激励教师不断追求卓越，以高尚的品德引领学生健康成长，形成积极向上的校园文化氛围。

（2）师德影响学生全面发展。学生是教育的主体，其全面发展离不开教师的悉心指导与良好示范。教师的师德水平直接关系到学生的道德品质、价值观念、行为习惯的养成。一个具有高尚师德的教师，能够以身作则，通过言传身教的方式，将正确的世界观、人生观、价值观传递给学生，引导学生树立正确的道德观念，培养良好的行为习惯，促进学生德智体美劳全面发展。

（3）师德关乎教育公平与质量。教育公平是社会公平的重要基础，而教育质量则是教育公平的核心体现。师德培育对于促进教育公平与提升教育质量具有不可替代的作用。一方面，高尚的师德要求教师平等对待每一位学生，不因学生的家庭背景、学习成绩等因素而有所偏袒或歧视，从而保障每位学生都能享受到公平的教育机会；另一方面，教师的专业素养与道德水平直接决定了其教育教学效果，一个师德高尚、业务精湛的教师能够更有效地传授知识、培养学生的创新精神和实践能力，从而提升整体教育质量。

（4）师德是构建和谐教育生态的基石。教育生态是一个由教育者、受教育者、教育环境等多个要素相互作用、相互影响的复杂系统。师德培育作为构建和谐教育生态的基石，对于促进教育各要素之间的良性互动与协调发展具有重要意义。高尚的师德能够激发教师的职业荣誉感与责任感，增强教师队伍的凝聚力与向心力，形成积极向上的教育风气。同时，良好的师德风尚还能够带动社会各界对教育的关注与支持，形成尊师重教的社会氛围，为教育事业的持续发展提供有力保障。

2. 师德培育的实施途径

在高等教育中实施师德培育，需要采取切实可行的策略和路径。具体而言，可以从以下方面入手。

（1）构建系统的师德培育体系。为了全面提升教师的职业道德素养，高校需要构建系统的师德教育体系，这个体系应该包括师德教育的内容、方式、途径等方面。首先，高校应该采用多样化的教育方式，如举办师德讲座、开展师德研讨会等，以激发教师的学习兴趣和参与度；其次，高校应该为教师提供多种途径的师德教育，如组织教师参加师德培训、开展师德实践等，以促进教师职业道德素养的全面提升。

（2）加强师德评价机制的构建。师德评价是对教师职业道德素养的一种检验和反馈。为了引导教师不断提升自身的职业道德素养，高校需要加强师德评价机制的构建。首先，高校应该建立科学的评价体系，明确评价标准和评价程序；其次，高校应该采用多种评价方式，如学生评价、同行评价、自我评价等，以确保评价结果的客观性和公正性；最后，高校应该将评价结果作为教师晋升、评优等方面的重要依据，以激励教师不断提升自身的职业道德素养。

（3）创新师德培育的方式和方法。传统的师德培育方式往往注重理论灌输和说教，缺乏实践性和互动性。为了提高师德培育的效果，高校需要创新师德教育的方式和方法。例如，采用案例分析、角色扮演、模拟教学等方式，让教师在实践中体验和感受职业道德的要求和价值；借助现代信息技术手段，如网络课程、在线讨论等，为教师提供更加丰富多样的学习资源和交流平台。

（4）加强师德培育的实践环节。师德培育不仅要注重理论教育，更要注重实践教育，引导教师在实践中不断提升自身的职业道德素养。例如，组织教师参与社会公益、志愿服务等活动，让教师在实践中体验社会责任感和奉献精神；鼓励教师将职业道德理念融入日常教学，通过言传身教的方式引导学生树立正确的价值观和人生观。

（二）职业道德素养的师风建设

1. 师风建设的必要性

通过师风建设，高校可以引导教师树立正确的教育观念，恪守职业道德规范，进而形成积极向上、健康稳定的教风学风。师风建设的必要性体现在以下方面：首先，师风建设有助于塑造教师的良好形象。教师的言行举止、教学态度、学术作风等都会对学生产生深远的影响。通过师风建设，教师可以更好地展现自己的专业素养和人格魅力，赢得学生的尊重和信任。其次，师风建设有助于提升教师的教师的职业道德素养。通过制定明确的师风建设目标和要求，加强师风监督和教育，可以促使教师不断反思自己的职业行为，增强职业荣誉感和使命感，进而提升职业道德素养。最后，师风建设有助于形成良好的教育生态。一个健康、积极、向上的教育生态需要全体教师的共同努力。通过师风建设，可以形成一股强大的正能量，推动整个教育生态的良性发展。

2. 师风建设的实施路径

（1）制定明确的师风建设目标和要求。为了确保师风建设的有效实施，高校应制定明确的师风建设目标和要求，这些目标和要求应具有可操作性和可衡量性，以便对教师进行监督和评价。具体而言，高校可以制定以下方面的目标和要求。

第一，教学行为方面的目标和要求。教师应严格遵守教学纪律，认真备课、授课、辅导和批改作业；注重教学方法和手段的创新，提高教学效果；关心学生的学习和生活，积极与学生沟通交流。

第二，学术行为方面的目标和要求。教师应秉持严谨的学术态度，遵守学术规范，杜绝学术不端行为；注重学术创新和质量提升，积极参与学术交流和合作；尊重他人的学术成果和知识产权。

第三，师德修养方面的目标和要求。教师应树立正确的教育观念，恪守职业道德规范；注重自身修养和素质提升，树立良好的师德形象；积极参与师德教育和培训活动。

（2）建立师风监督机制。为了及时发现和纠正教师在职业道德方面的问题，高校应建立师风监督机制，这一机制可以包括以下方面的内容。

第一，学生评价。学生作为教育的直接受益者，对教师的职业道德和教学行为有着深刻的感受和认识。高校可以通过问卷调查、座谈会等方式收集学生的评价意见，了解教师在职业道德方面的表现。

第二，同行评价。教师同行之间的互相了解和交流，能够更客观地评价教师的职业道德和教学水平，高校可以组织同行评价活动，鼓励教师之间相互学习和借鉴。

第三，专家评价。专家在职业道德方面和教学领域具有深厚的造诣和丰富的经验，高校可以邀请专家对教师进行职业道德和教学行为的评价和指导。

通过学生评价、同行评价和专家评价等多种形式的监督机制，可以全面、客观地了解教师在职业道德方面的表现，为教师后续的改进和提升提供有力的依据。

（3）加强师风教育和培训。为了提升教师的职业道德意识和自我约束能力，高校应加强师风教育和培训，可以从以下方面入手。

第一，课程设置。高校可以开设师风教育课程，将师风教育纳入教师培训体系。课程内容可以包括师德理论、教育法律法规、教育心理学等方面的知识。

第二，实践活动。高校可以组织教师参与师风实践活动，如师风讲座、师风论坛、师风研讨会等，这些活动可以为教师提供交流和学习的平台，促进教师之间的互相学习和共同进步。

第三，自我修养。教师应注重自我修养和素质提升，树立正确的教育观念和职业道德观念。教师可以通过阅读相关书籍、参加学术交流等方式不断提高自己的职业素养和道德水平。

四、教师数字素养能力的优化

（一）数字素养能力的内涵剖析

在教育强国战略的宏伟蓝图中，高校是知识创新与人才培养的核心阵地，因此，教师的数字素养能力被赋予了前所未有的重要性。随着信息技术的日新月异，数字化、网络化、智能化的浪潮正以前所未有的速度席卷教育领域，这不仅促使教育内容、手段和方法发生根本性变革，更对教师的专业素养提出了更为严苛的要求。在此背景下，优化高校教师的数字素养能力，不仅是顺应时代发展的必然选择，也是推动教育现代化、提升教育质量的关键所在。数字素养，作为一种综合性的能力体系，其核心在于个体在复杂多变的数字环境中，如何高效、安全地运用信息技术工具，以实现信息的获取、理解、评估、创造、交流、管理和安全使用。对于高校教师而言，这一素养的内涵远不止于基本的信息技术能力范畴，它更是一种深度融入教育理念、教学方法乃至科研实践中的综合性能力。具体而言，高校教师的数字素养能力应涵盖以下方面。

第一，信息技术基础能力，包括办公软件的熟练操作、多媒体教学设备的灵活运用、网络资源的有效检索与利用等，这是教师开展数字化教学的基本前提。

第二，数字教育资源开发能力，教师应具备根据教学目标和学生需求，自主开发或整合优质数字教育资源的能力，如电子教材、在线课程、虚拟实验等，以丰富教学手段，提升教学效果。

第三，在线教学平台应用能力，随着在线教育的兴起，教师应熟练掌握各类在线教学平台的使用，如慕课（MOOCs）、智慧教室系统等，实现线上线下混合式教学，增强教学的互动性和灵活性。

第四，数据分析与决策支持能力，在大数据时代，教师应能够运用数据分析工具，对学生的学习数据、教学反馈等进行深度挖掘，为教学决策和个性化教学提供科学依据。

第五，创新应用与科研融合能力，教师应积极探索大数据、云计算、人工智能等先进技术在科研中的应用，推动科研方法的创新，提升科研成果的转化效率和社会影响力。

第六，信息安全与伦理素养，在享受数字技术带来的便利的同时，教师还需具备强烈的信息安全意识，掌握必要的网络安全防护技能，并遵循数字伦理规范，确保教学数据与个人信息的安全，维护网络空间的健康有序。

（二）数字素养能力的优化策略

1. 构建系统化培训体系

高校应立足于自身实际，构建一套全面、系统、科学的教师数字素养培训体系。该体系应充分考虑教师的学科背景、年龄层次及职业发展阶段等差异因素，设计分层次、个性化的培训课程。具体而言，可从以下方面入手。

（1）需求调研与分析。通过问卷调查、访谈等方式，深入了解教师在数字素养方面的实际需求与困惑，为培训内容的确定提供有力依据。

（2）课程设计与开发。根据需求调研结果，设计涵盖信息技术基础知识、数字教育资源开发、在线教学平台应用、数据分析与决策支持等多个维度的培训课程。同时，注重课程的实用性和前瞻性，确保教师能够学有所用、学以致用。

（3）培训方式创新。采用线上线下相结合的培训方式，充分利用互联网资源，开展远程直播、录播课程等灵活多样的培训形式。同时，注重实践环节的设置，通过案例分析、模拟演练等方式，提升教师的实际操作能力。

（4）培训效果评估。建立科学的培训效果评估机制，通过考试、作业、项目实践等方式，对教师的培训成果进行全面评估。同时，收集教师的反馈意见，不断优化培训内容和方式。

2. 强化实践应用导向

理论学习是基础，但实践应用才是提升教师数字素养能力的关键所在。高校应鼓励并支持教师将所学数字技能应用于实际教学中，通过以下途径促进实践应用。

（1）教学模式创新。鼓励教师采用翻转课堂、混合式学习、虚拟仿真实验等新型教学模式，将数字技术深度融入教学过程中，提升教学的互动性和有效性。

（2）教学案例库建设。建立教学案例库，收集并整理优秀的教学设计与实施案例，供教师参考借鉴。同时，定期举办教学案例分享会等活动，促进教师之间的相互学习与交流。

（3）教学竞赛与展示。组织各类教学竞赛和展示活动，为教师提供展示自己教学成果和数字素养能力的平台。通过竞赛和展示活动的举办，激发教师的积极性和创造力，推动教学质量的不断提升。

3. 建立评估与激励机制

构建科学合理的数字素养能力评估体系，是确保教师数字素养能力持续提升的重要保障。高校应从以下方面入手。

（1）评估指标体系的构建。根据教师数字素养能力的内涵要求，构建一套全面、客观、可操作的评估指标体系。该指标体系应涵盖信息技术基础能力、数字教育资源开发能力、在线教学平台应用能力等多个方面。

（2）评估方式的选择。采用多种评估方式相结合的方法，如自我评价、同行评价、学生评价等，确保评估结果的全面性和准确性。同时，注重过程性评价与结果性评价的结合，关注教师在数字素养能力提升过程中的成长与变化。

4. 评估与激励机制的深化

（1）定期评估与反馈。建立定期评估机制，如每学期或每学年对教师进行一次全面的数字素养能力评估。评估结果应及时反馈给教师，帮助他们明确自身在数字素养方面的优势与不足，为后续的自我提升提供方向。

（2）激励机制的完善。将数字素养能力评估结果作为教师职称晋升、绩效考核、评优评先等的重要依据。同时，设立专项基金或奖励制度，对在数字素养提升方面表现突出的教师给予物质奖励、学术支持或职业发展机会等，以激发教师提升数字素养的内在动力。

5. 促进跨学科合作与交流

数字技术的高度渗透性和融合性要求高校打破学科壁垒，促进不同学科教师之间的合作与交流，具体措施包括以下方面。

（1）加强跨学科研究团队建设。鼓励并支持不同学科教师组建跨学科研究团队，共同探索数字技术在教学、科研中的应用潜力。通过团队合作，实现知识、技术和资源的共享与互补，推动教育教学模式的深刻变革。

（2）学术交流与研讨。定期举办跨学科学术交流会、研讨会等活动，为教师提供展示研究成果、分享教学经验的平台。通过交流研讨，促进教师之间的思想碰撞和灵感激发，推动教师数字素养能力的共同提升。

（3）资源共享与平台搭建。建立跨学科资源共享平台，收集并整理各学科的优质数字教育资源、研究成果和教学案例等，供全校教师共享使用。同时，搭建在线协作平台，为教师提供便捷的跨学科合作与交流渠道。

6．加强信息安全与伦理教育

在提升教师数字素养的同时，必须高度重视信息安全与伦理教育，具体措施包括以下方面。

（1）信息安全意识培养。通过讲座、培训等方式，增强教师的信息安全意识，使他们认识到保护教学数据和个人信息的重要性。同时，教授基本的网络安全防护技能，如密码管理、病毒防范、数据备份等。

（2）数字伦理教育。将数字伦理教育纳入教师培训内容，引导教师在利用数字技术时遵循法律法规和伦理规范。强调尊重知识产权、保护学生隐私、维护网络空间清朗与和谐的重要性。通过案例分析、角色扮演等方式，使教师深刻理解数字伦理的内涵和要求。

（3）建立监督机制。建立健全的信息安全与伦理监督机制，对教师的数字行为进行监督和指导。对于违反信息安全规定或伦理规范的教师，应及时进行纠正和处理，以维护学校的形象和声誉。

随着教育信息化的不断深入和技术的不断进步，高校教师的数字素养能力将成为衡量其职业素养与综合能力的重要指标之一。持续推动教师数字素养能力的提升，将有助于构建更加开放、创新、高效的教育生态系统，为培养具有创新精神和实践能力的高素质人才提供有力支撑。同时，这也将促进教育事业的蓬勃发展，为实现教育现代化和构建学习型社会贡献力量。

五、教师科学素养能力的培养

（一）科学素养能力的内涵解析

在当今知识与科技飞速发展的时代背景下，高校教师作为高等教育的核心力量，其科学素养的培育不仅关乎个人职业发展，更是提升国家整体科技实力、促进经济社会持续发展的关键所在。科学素养作为个体在科学领域内所展现出的综合素养，其内涵丰富而深远，不仅涵盖对科学基础知识的深刻理解与掌握，还涉及对科学方法的熟练运用、对科学态度的坚守以及对科学精神的弘扬。对于高校教师而言，科学素养能力体现在对专业领域内科学知识的深度挖掘与广泛应用上，这要求他们不仅要精通本专业的经典理论与技术，还需持续追踪学科前沿动态，把握学科发展趋势，以确保教学内容的时效性与前沿性。此外，科学素养还强调教师能够将科学知识转化为解决实际问题的能力，这涉及科学方法的熟练掌握与灵活运用，如实验设计、数据分析、模型构建等，这些能力是教师进行科学研究、指导学生实践活动的重要基础。

更为重要的是，科学素养还蕴含着对科学本质的深刻理解与认同，以及由此形成的科学态度与科学精神，这要求高校教师具备批判性思维，能够客观、理性地审视科学现象与理论，勇于质疑、敢于创新；同时，还需具备坚韧不拔的探索精神，面对科学难题时能够持之以恒、不懈追求。这种科学态度与精神不仅是教师个人成长的宝贵财富，更是激励学生追求卓越、勇于创新的重要动力。

（二）培养策略与实施路径的精细化构建

1. 深化专业知识学习，紧跟学科前沿

为了提升高校教师的科学素养能力，首要任务是深化其专业知识学习，确保他们始终站在学科发展的前沿，这要求高校为教师提供丰富的学术资源与交流平台，如鼓励教师参加国内外学术会议、研修班，支持教师赴国内外知名高校或研究机构访学交流等。通过这些活动，教师可以及时了解学科最新动态，拓宽学术视野，提升专业素养。同时，高校还应建立激励机制，鼓励教师积极参与学科前沿研究，发表高水平学术论文，以科研反哺教学，提升教学质量。

2. 强化科学方法训练，提升问题解决能力

科学方法是科学素养的核心组成部分，对于高校教师而言尤为重要。为了提升教师的科学方法运用能力，高校应加强对教师的科学方法训练，这包括开设专门的科学方法课程，系统讲授实验设计、数据分析、模型构建等基本技能；组织科研工作坊或实验室开放日等活动，让教师在实践中掌握科学方法；邀请具有丰富科研经验的专家学者，举办讲座或对工作坊进行指导等。通过这些措施，教师可以更加熟练地运用科学方法解决实际问题，提升科研与教学水平。

3. 培养科学态度与精神，塑造科学人格

科学态度与精神是科学素养的灵魂所在。为了培养高校教师的科学态度与精神，高校应通过多种途径引导教师树立正确的科学观。例如，举办科学家讲座或研讨会等活动，邀请杰出科学家分享他们的科研经历与心路历程；组织教师参观科技馆或科研基地等场所，感受科学的魅力与力量；通过举办科学史故事分享会等活动，激发教师的科学兴趣与好奇心等，这些活动有助于教师形成严谨求实、勇于探索、敢于质疑的科学态度，以及坚韧不拔的科学精神，从而塑造出具有鲜明科学特质的教师人格。

4. 促进跨学科交流与合作，增强创新能力

科学问题往往具有复杂性与综合性等特点，需要跨学科的知识与方法来解决。为了提升高校教师的跨学科整合能力与创新能力，高校应鼓励并支持教师开展跨学科交流与合作，包括组建跨学科研究团队，邀请不同学科背景的教师共同参与科研项目；举办跨学科研讨会或论坛，促进不同学科之间的知识融合与思想碰撞；建立跨学科资源共享平台，为教师提供便捷的跨学科资源获取途径等。通过这些措施，教师可以更加广泛地接触不同学科领域的知识与方法，从而拓宽研究视野，提升创新能力。

5. 强化科学传播与普及能力，提升社会影响力

高校教师不仅是科学研究的探索者，更是科学知识的传播者与普及者。为了提升教师的科学传播与普及能力，高校可以采取以下措施：①开设科学传播课程，系统讲授科学传播的理论与方法；②组织科普活动如科技节、科普讲座等，让教

师有机会向公众传播科学知识；③支持教师参与科普创作，如编写科普书籍、制作科普视频等，将复杂科学知识转化为易于公众理解的语言和形式；④建立科普工作激励机制，鼓励教师积极参与科普工作，提升科普工作的质量与效果等。通过这些措施，教师可以更加有效地传播科学知识，提升公众科学素养，从而增强科学知识的社会影响力。

6. 建立科研与教学相互促进的机制，实现双赢发展

科研与教学是高校教师的两大核心任务，二者相辅相成、相互促进。为了建立科研与教学相互促进的机制，高校可以采取以下措施：①建立科研成果转化机制，鼓励教师将科研成果转化为教学资源，如编写教材、制作教学课件等，丰富教学内容，提升教学质量；②建立教学反馈机制，通过学生评价、同行评议等方式，收集教学反馈信息，指导教师开展科研工作，促进科研创新；③建立科研与教学相结合的激励机制，如设立教学科研并重型岗位、提高教学科研成果奖励标准等，激发教师参与科研与教学的积极性与创造性等。通过这些措施，可以实现科研与教学的良性循环，促进教师科学素养能力与人才培养质量的共同提升。

展望未来，高校教师科学素养能力的培养将面临更多新的挑战与机遇。为了应对这些挑战并抓住机遇，需要制定更具前瞻性、战略性的规划，从多个方面入手，制定系统化、精细化的培养策略与实施路径，并注重培养成效的评估与反馈。同时，还需要关注未来科技发展的趋势与挑战，为培养具有国际视野、创新精神和实践能力的高素质人才奠定坚实的基础。

六、终身学习能力的激发与培养

（一）终身学习理念的树立

在信息化与全球化的时代背景下，教育环境与社会需求呈现出快速变化的特点。面对这种变化，高校教师作为知识的传播者和创新者，其持续学习的能力显得尤为重要。高校应当积极推动并深化教师在终身学习理念上的认识与实践。终身学习理念不仅要求教师在职业生涯中持续追求新知识、新技术和新方法，更强调教师对于自我提升和成长的持续追求，这种理念能够激发教师对于教育的热情

和兴趣，使其始终保持对知识的渴望和对教学的热爱。为了深化教师在终身学习理念上的认识，高校可以通过举办相关讲座、研讨会等形式，邀请专家学者分享终身学习的重要性和实践经验。同时，高校还可以通过建立教师学习社群、开展教师读书会等活动，为教师提供一个互相学习、交流心得的平台。

（二）学习资源支持的提供

为了有效激发教师的持续学习能力，高校应当提供丰富多样的学习资源支持体系，这一体系应当包括实体资源和虚拟资源两个方面。

第一，在实体学习资源方面，高校可以建立完善的图书馆资源体系，为教师提供丰富的学术资料和参考书籍，这些资源应当覆盖多个学科领域，并不断更新以满足教师的需求。此外，高校还可以建立专门的教师阅览室或学习空间，为教师提供一个安静、舒适的学习环境。

第二，在虚拟学习资源方面，高校可以搭建在线学习平台或引入优质的网络课程资源，这些平台和资源应提供丰富多样的学习内容，包括学科前沿知识、教学技巧和方法等。同时，在线学习平台还应具备便捷的学习途径和工具，如在线课程、学习管理系统等，以方便教师随时随地进行学习。

第三，高校应组织各类学术交流和研讨会活动，这些活动可以邀请校内外专家学者开展讲座和交流，为教师提供与同行交流学习的机会和平台。

（三）学习激励机制的建立

为了激发教师的持续学习能力并促进其提升，高校需要建立科学有效的学习激励机制，主要包括以下方面。

第一，高校可以设置相应的奖励制度或荣誉称号来表彰在学习上取得突出成绩的教师，这些奖励可以包括物质奖励、荣誉证书等形式，以激励教师积极参与学习和研究活动。同时，高校还可以设立专门的教师学习基金或奖学金，为教师提供学习经费支持。

第二，高校可以将教师的持续学习情况纳入其考核评价体系中，这一体系应当包括学习成果的评估、学习态度的考核等方面。通过对教师持续学习情况的全面评估，可以更加准确地反映教师的专业素养和综合能力水平。同时，这一体系还可以作为教师晋升、评优等方面的重要依据。

第三，高校可以建立教师学习档案制度，这一制度可以记录教师的学习经历、学习成果等信息，并作为教师职业生涯发展规划的重要依据。通过建立学习档案制度，可以帮助教师更好地认识自己的学习成长历程和存在的不足之处，进而有针对性地制订学习计划和发展目标。

七、实践经验的积累与反思

（一）实践教学环节的重要性

在高等教育体系中，实践教学环节不仅是理论知识的应用与延伸，更是学生实际操作能力与问题解决能力培养的关键所在。对于教师而言，实践教学环节同样具有举足轻重的意义。通过实践教学，教师能够更直观地将理论知识与实际教学相结合，深化对学科知识内涵的理解，进一步探索其应用价值，从而提升教学效果。实践教学环节的重要性不仅体现在其对学生能力的培养上，更在于其对教师自身专业发展的推动作用上。在这一环节中，教师能够接触到真实的教学场景，面对各种实际问题，从而不断挑战自我，提升专业素养。

（二）实践机会的提供与实践平台的搭建

为了充分发挥实践教学环节的作用，高校应致力于为教师提供丰富的实践机会和平台。具体而言，高校可以从以下方面着手。

第一，实验室与实训基地的完善。高校应持续加大对实验室和实训基地的投入，确保这些场所拥有先进的实验设备和完善的实训环境，这不仅为学生提供了良好的实践条件，也为教师提供了宝贵的实践机会。在实验室和实训基地中，教师可以进行各种教学实验和实践活动，深入了解学科知识的实际应用，提升教学技能。

第二，校企合作与产学研深度融合。高校应积极与企业、研究机构等建立紧密的合作关系，开展校企合作和产学研结合项目，这些项目不仅为学生提供了与企业、行业接轨的实践机会，也为教师提供了更广阔的实践平台。通过与企业和研究机构的合作，教师可以深入了解行业发展趋势和最新技术动态，将最新的科研成果引入教学之中，提升教学质量。

第三，学术交流与研讨的促进。高校应定期组织教师参加国内外学术交流和研讨活动，这些活动不仅有助于教师拓宽学术视野、了解最新研究成果，还能为教师提供与其他教师交流实践经验的机会。通过学术交流与研讨，教师可以学习到先进的教学方法和管理经验，从而提升自身的专业素质和实践能力。

（三）教学反思机制的建立与完善

教学反思是教师提升专业胜任力的重要途径。通过教学反思，教师可以对教学过程进行深入剖析和总结，发现教学中存在的问题和不足，进而寻求改进方案。为了建立完善的教学反思机制，高校可以采取以下措施。

第一，设立教学反思小组。高校可以设立专门的教学反思小组，组织教师定期进行教学反思和交流活动，这些活动可以围绕某个具体的教学案例或教学方法展开，鼓励教师分享自己的教学经验和改进策略。通过小组讨论和交流，教师可以相互学习、共同进步。

第二，建立教学反思档案。高校应为每位教师建立教学反思档案，记录教师的教学反思过程和成果，这些档案可以作为教师晋升和评奖的依据。通过建立教学反思档案，教师可以更加系统地梳理自己的教学经验和成果，为今后的教学提供有力的支持。

第三，鼓励教师撰写教学反思报告。高校可以鼓励教师将教学反思成果以书面形式呈现出来，即撰写教学反思报告。这些报告可以详细记录教师的教学反思过程、发现的问题、采取的改进措施以及取得的成效等。通过撰写教学反思报告，教师可以更加深入地剖析教学过程中的问题，提炼出具有普遍性和可操作性的改进策略，为其他教师提供有益的借鉴和参考。同时，教学反思报告也可以作为教师个人成长和发展的重要见证。

八、激励机制的构建与完善

（一）评价与激励机制的建立

1. 完善薪酬激励制度

薪酬激励是教师激励机制的核心，应建立起一套公平合理的薪酬制度，确保教师的薪酬与其工作贡献相匹配。首先，提高教师的基本工资水平，使其能够过上体面而有尊严的生活；其次，设立绩效工资和奖金等激励性薪酬项目，根据教师的教学业绩、科研成果及学生评价等因素进行差异化分配，以激发教师的积极性和创造性；最后，建立健全的评聘制度，通过考核确定教师的职称和职位，使教师有更多的晋升机会和薪酬增长空间。

2. 强化职业发展激励

职业发展激励是提升教师专业胜任力的重要途径。学校应建立健全的职业发展体系，为教师提供广阔的职业发展空间和晋升机会。首先，应制定科学合理的职业发展规划，明确教师不同阶段的职业发展目标和任务；其次，应建立多元化的职业发展路径，包括教学型、科研型及管理型等多种职业发展方向，以满足不同教师的个性化需求；再次，应加强对教师的职业培训和培养，提高其教育水平和教学能力。通过组织各类培训、研讨会及学术交流活动，为教师提供学习和交流的平台，促进其专业成长和职业发展。

3. 实施荣誉激励

荣誉激励是激发教师工作热情和积极性的有效手段。学校应建立健全的荣誉表彰制度，对在教学、科研及学生工作等方面表现突出的教师进行表彰和奖励。通过设立"优秀教师""教学名师""科研骨干"等荣誉称号，树立榜样和标杆，激发其他教师的竞争意识和进取精神。同时，应加强对荣誉表彰的宣传和推广工作，提高荣誉表彰的社会影响力和认可度，使其成为激励教师提升专业胜任力的重要动力。

4. 优化环境激励

环境激励对于提升教师专业胜任力具有重要影响。学校应努力为教师创造良好的工作环境和生活条件。首先，学校应提供宽敞明亮的教师办公室和先进的教学设施和设备，以提高教师的工作效率和教学质量。其次，应关注教师的生活待遇和福利保障问题，为其提供合理的薪酬、医疗保险及养老保险等福利待遇，使其能够安心工作、全身心地投入教育教学工作中。此外，还应加强校园文化建设工作，营造积极向上、和谐融洽的工作氛围和人际关系环境，为教师的专业成长和职业发展创造有利条件。

（二）激励机制的完善与保障措施

1. 加强制度建设与落实

激励机制的构建与完善需要制度保障，首先，学校应建立健全的激励机制相关制度和规定，明确激励对象、激励标准、激励方式及实施程序等，确保激励机制的规范化、制度化和可操作化；其次，要加强制度的宣传与培训，使广大教师充分了解激励机制的内容和要求，增强其参与度和认同感；最后，还要加强制度的执行与监督，确保各项激励措施得到有效落实，防止形式主义和官僚主义现象的发生。

2. 注重激励效果的评估与反馈

激励机制的效果评估是完善激励机制的重要环节。学校应建立科学的评估体系，定期对激励机制的实施效果进行评估。评估内容应包括教师的专业成长情况、工作积极性与满意度、教学质量与科研成果等多个方面。通过评估，可以及时发现激励机制中存在的问题和不足，为后续的完善提供数据支持和决策依据。同时，要注重评估结果的反馈与运用，及时将评估结果反馈给相关部门和教师个人，鼓励其总结经验、查找问题、改进工作。

3. 强化激励机制的灵活性与适应性

教育环境的不断变化要求教师激励机制具备较高的灵活性和适应性。学校应根据教育改革的要求和教师发展的实际需求，及时调整和完善激励机制。一方面，要关注教育政策的变化和教育理念的更新，确保激励机制与教育改革方向保持一致；另一方面，要关注教师的个性化需求和发展特点，为不同类型的教师提供差异化的激励措施。通过灵活调整激励机制的内容和方式，可以更好地满足教师的实际需求，激发其工作热情和创造力。

4. 加强激励机制与其他管理措施的协同作用

激励机制并非孤立的管理手段，它需要与其他管理措施相互配合、协同作用。学校应加强激励机制与绩效考核、职称评聘、培训发展等管理措施的衔接与配合。通过绩效考核明确教师的工作成果和贡献度，为激励机制的实施提供客观依据；通过职称评聘引导教师关注专业成长和职业发展，增强其对激励机制的认同感和参与度；通过培训发展提升教师的专业素质和综合能力，为激励机制的实施创造有利条件。通过各项管理措施的协同作用，可以形成推动教师专业成长和职业发展的强大合力。

5. 建立教师参与激励机制建设的机制

教师是激励机制的直接受益者和执行者，其意见和建议对于完善激励机制具有重要意义。学校应建立教师参与激励机制建设的机制，鼓励教师积极参与激励机制的制定、评估和完善过程。通过召开座谈会、问卷调查、个别访谈等方式收集教师的意见和建议，了解其真实需求和诉求。同时，要建立健全的反馈机制，及时将教师的意见和建议反馈给相关部门和领导层，确保其得到有效回应和解决。通过教师的广泛参与和积极反馈，可以不断增强激励机制的针对性和实效性，提高教师的满意度和认同感。

第四章 学生教育管理及其创新

第一节 学生行为管理解读

"大学生行为管理是探讨和研究大学生行为过程的规律，对大学生行为目的、行为手段和行为结果进行指导、评价、矫正和控制，是使之产生正确积极的行为，养成良好的行为习惯和高尚的思想品德这一过程的总和。"[①] 从管理主体上划分，大学生行为管理可分为学校管理和学生自主管理；从管理内容上划分，主要包括各级相关行为管理规范的制定、教育宣传与执行，学生良好行为习惯的引导与养成、学生偏差行为的矫正等方面；从大学生行为表现上划分，主要包括学习行为管理、社会实践行为管理、交往行为管理、消费行为管理、网络行为管理等方面。

一、学生行为管理的意义

在高等教育的广阔天地中，大学生行为管理不仅关乎个体的成长轨迹，更在宏观层面对校园文化的塑造、社会风气的引领产生着深远的影响。有效的行为管理，既是高校德育工作不可或缺的组成部分，也是促进青年学生全面发展的重要手段，更在维护学校和社会的和谐稳定中扮演着关键角色。

第一，从高校教育目标的角度来看，大学生行为管理在新时代背景下显得尤为重要。这一管理手段不仅对学生的日常行为起到了规范和引导作用，更是实现高校教育管理功能的关键环节。在当今时代，大学生行为的管理与引导已经超越

---

① 单林波．高校教育管理体系构建研究 [M]．北京：首都师范大学出版社，2022：66．

了单纯的管理层面，它与教育紧密相连，共同致力于营造一个有序且富有教育意义的环境。因此，加强学生行为管理，构建科学化、人性化的管理秩序，对于实现学校教育目标、提升人才培养质量具有举足轻重的作用。

第二，大学生行为管理在引导学生树立自觉理性意识方面发挥着关键作用。大学阶段是学生个体成长的重要时期，也是他们理性意识逐渐成熟的阶段。在这一阶段，青年学生的身心发展趋于成熟，但他们的道德规范尚未完全稳固。因此，他们的行为可能存在一定的盲目性和局限性，急需通过外部规范进行引导和纠正。大学生行为管理正是通过深入研究学生行为的新特征、新情况和新问题，有针对性地完善管理体制和机制，来引导学生树立正确的行为规范意识，实现由"他律"向"自律"的转变，进而促进学生的全面发展的。

第三，从更宏观的视角来看，大学生行为管理对于维护高校和社会的稳定具有不可或缺的作用。规范学生的日常行为、引导他们遵守学校纪律，是大学生行为管理的重要职责。这不仅有助于形成健康和谐的校园环境，更能确保学校各项人才培养工作的顺利开展，而对于社会而言，大学生作为未来社会发展的中坚力量，他们的行为意识将深刻影响整个社会的风气。通过强化行为管理、培养正确的行为意识，可以帮助大学生树立正确的道德规范，使之更好地服务社会。同时，大学生作为特殊的社会群体，他们的意识和行为受到广泛关注，并可能对社会其他群体的行为意识产生导向作用。因此，加强对大学生行为的管理和引导，对于保障高校乃至社会的稳定具有深远的意义。

二、学生行为管理的内容

（一）学生的学习行为

大学阶段，学习是学生的首要任务，大学生的学习行为直接影响自身的成长与发展。因此，加强大学生学习行为的管理和引导，能够帮助学生培养积极的学习意识、掌握科学的学习方法、养成良好的学习习惯，为未来成长成才奠定良好的知识基础。

1. 学生学习行为的类别

（1）按学习方式划分。在高等教育阶段，学生的学习行为因学习方式的不同而展现出多样性的特点。根据学习方式的不同，大学生的学习行为可以分为教师引导型、独立研究型和集体研讨型等。

第一，教师引导型。教师引导型学习行为是指大学生在教师的指导下，通过教师的引导和传授来获取知识。与中学阶段的教育不同，大学阶段的教育不仅仅依赖于教师的直接教学，而是更多地注重教师作为指导者和引路人的角色。在这种学习方式中，教师通过课堂讲授、课外辅导和课题指导等方式，帮助学生构建知识体系、掌握学术方法和培养专业素养等。

在教师引导型学习中，教师不仅传授具体的知识，还通过提供资源、分享经验和答疑解惑等，帮助学生拓宽视野、学会深入思考。教师的指导能够为学生的学习行为指明方向，尤其是在专业知识的掌握和科研能力的培养方面，教师的引导作用至关重要。此外，教师还可以通过设计有挑战性的学习任务，激发学生的学习兴趣和主动性，使学生在学习过程中不断探索和创新。

第二，独立研究型。独立研究型学习行为是指学生通过自主利用网络、图书馆等资源，独立开展学习和研究。这种学习方式强调学生的自主性和独立性，鼓励学生主动探索和发现问题，并通过自主研究找到解决问题的方法。

在独立研究型学习中，学生需要具备较强的自我管理能力和研究能力。他们需要制订学习计划，选择适合的学习资源，并通过自我监督和反思，不断调整学习策略和方法。独立研究型学习不仅有助于学生掌握专业知识，还能培养学生的批判性思维和创新能力。通过独立研究，学生可以深入探索感兴趣的领域，发展自己的研究兴趣和专业特长。这种学习方式不仅限于课堂内的学习，更多的是在课堂外的自主学习和研究。学生可以通过阅读文献、参加学术研讨会、进行实验和实地考察等方式，获得丰富的学习经验和科研成果。

第三，集体研讨型。集体研讨型学习行为是指学生根据兴趣、爱好和专业背景，组成学习小组，集体进行研讨和学习。这种学习方式强调团队合作和交流，认为通过与同伴的互动，可以促进知识的共享和思想的碰撞，达到更好的学习效果。

在集体研讨型学习中，学生可以通过讨论、交流和合作，共同解决学习中的问题。小组成员可以分享各自的见解和经验，通过相互启发和激励，拓宽思路和视野。在集体研讨中，学生不仅是知识的接受者，更是知识的创造者和传播者。

集体研讨型学习有助于培养学生的团队合作精神和沟通能力。通过参与小组讨论和合作项目，学生可以学会倾听、表达和协调，增强人际交往能力和团队合作能力。此外，集体研讨型学习还可以提高学生的学习兴趣和动力，使学习过程更加生动和有趣。

（2）按学习动机划分。学习动机是推动学生从事学习活动，并朝一个方向前进的内部动力。学习动机和学习行为相互影响，一方面，学习动机是学习行为的驱动力；另一方面，学习行为的结果又会影响学习动机的强度和方向。按学习动机可以将大学生的学习行为分为自我实现型、知恩图报型、谋求职业型和应对考试型。

第一，自我实现型。自我实现型学习行为是指大学生以实现个体需要、兴趣、理想、信念和人生观等为主要学习动机而开展的学习行为。这类学习动机属于内部动机，具有积极性、自觉性和主动性等特征。

一是，具有自我实现型学习行为学生的热情和好奇心。他们主动探索和追求知识，以满足自己的兴趣和需求。这种学生不仅仅是为了取得好的成绩，更是为了实现个人的价值和理想。学生在学习过程中，会不断设定目标，挑战自我，追求卓越。

二是，具有自我实现型学习动机学生的主动性和独立性。他们不仅关注课程的学习，还会积极参与各种课外活动和实践项目，以全面提升自己的综合素质和能力。通过自我实现型学习，学生可以发展出强烈的自我意识和独立思考能力，形成自主学习的习惯和能力。

三是，具有自我实现型学习行为学生的持续性和持久性。由于这种学习动机源于学生自身的内在需求和兴趣，学习过程往往是持续的和稳定的。即使遇到困难和挫折，学生也能够保持积极的学习态度，不断调整和改进学习策略，以实现自己的目标。

第二，知恩图报型。知恩图报型学习行为是指学习动机主要来源于对父母、师长和社会的回报。这类学习行为主要以情感为基础，学习动机一般相对稳定。

具有知恩图报型学习行为的学生常常感受到来自家庭、学校和社会的期望和支持，他们希望通过努力学习来回报这些恩情。这种学习动机使学生在学习过程中表现出较高的责任感和使命感。他们不仅重视学习成绩，还注重个人品德和社会责任的培养。在这种动机的驱动下，学生往往表现出高度的纪律性和自我控制能力。他们能够克服学习中的困难和挑战，保持良好的学习习惯和态度。具有知恩图报型学习行为的学生通常有明确的学习目标和计划，并且能够严格按照计划执行。

第三，谋求职业型。谋求职业型学习行为是指学生以寻求理想职业为主要学习动力的学习行为。这类学习动机属于外部动机，往往会随着外部条件的变化而不断发展变化。

谋求职业型学习行为的学生通常具有明确的职业目标和规划。他们在选择课程和学习内容时，会优先考虑对未来职业发展的帮助。通过学习，学生希望获得职业所需的知识和技能，提高自身的竞争力和就业机会。

一是，谋求职业型学习动机的目标导向性和实践性。他们不仅重视理论知识的学习，还会积极参与实习、实践和职业培训等活动，以积累实践经验和提升职业能力。学生在学习中表现出较强的实际操作能力和解决问题的能力，能够将所学知识应用于实际工作中。

二是，谋求职业型学习行为的灵活性和适应性。由于职业需求和市场环境的变化，学生需要不断调整和更新自己的学习内容和方法，以适应新的职业要求。通过不断学习和提升，学生能够保持职业竞争力，实现职业目标。

第四，应对考试型。应对考试型学习行为是指学生主要以通过考试、取得成绩作为学习动力而激发的学习行为。这类学习动机也属于外部动机，通常具有短期性和应急性。

一是，应对考试型学习行为的学生在学习过程中主要关注考试内容和考试技巧。他们通过反复练习和记忆，掌握考试所需的知识和技能，以获得高分和优异的成绩。这种学习行为在考试临近时尤为明显，学生会集中精力复习和备考，表现出高度的紧张和专注。这种学习动机使学生在短时间内能够集中精力，快速提高学习成绩。然而，由于学习的目的主要是应对考试，学生在学习过程中可能忽视了对知识的理解和应用，导致对知识的记忆和理解不够深刻和系统。

二是，应对考试型学习行为的学生在考试结束后，学习动机和学习行为可能会有所减弱。因此，学校应注重培养学生的长期学习动机和学习习惯，帮助学生形成积极的学习态度和持续的学习兴趣。

（3）按学习结果划分。按学习的结果划分，可以将学习活动分为五类，即言语信息的学习、智慧技能的学习、认知策略的学习、态度的学习和运动技能的学习等。大学生的学习行为也可以从这一维度进行划分。

第一，言语信息的学习。言语信息的学习是指学生要掌握用言语信息传递（通过言语交往或印刷物的形式）的内容，或者学生的学习结果以言语信息表达出来。这一类学习通常是有组织的，学生不仅掌握个别的事实，而且根据一定的教学目标获得许多有意义的知识。

在言语信息的学习中，学生通过听讲、阅读和交流等方式获取信息。这种学习方式在课堂教学中尤为常见，教师通过讲授教材传递知识，学生通过听讲和阅读理解并记忆所学内容。言语信息的学习帮助学生掌握学科基础知识，形成系统的知识结构。

言语信息的学习不仅包括对事实和概念的记忆，还涉及对知识的理解和应用。学生需要通过分析和综合，将所学知识与实际问题相结合，形成完整的知识体系。通过反复的练习和应用，学生能够熟练掌握言语信息，并在实际情境中加以运用。

第二，智慧技能的学习。智慧技能的学习是指学生将符号转化成自身能力的学习。智慧技能具有层次性，由简单到复杂，包括辨别、概念、规则和高级规则。智慧技能的学习帮助学生解决"怎么做"的问题，以处理外界的符号和信息。

在智慧技能的学习中，学生通过反复的练习和应用，将抽象的符号和概念转化为实际操作能力。通过辨别，学生能够识别和区分不同的符号和信息；通过掌握概念，学生能够理解和运用基本的原理和规则；通过学习规则，学生能够掌握系统的操作流程和方法；通过高级规则，学生能够在复杂和变化的情境中灵活运用所学知识和技能。

智慧技能的学习不仅依赖于教师的讲授和指导，还需要学生的主动参与和实践。通过实验、模拟和实际操作等方式，学生能够在具体情境中应用所学知识，培养解决问题的能力和创新思维。

智慧技能的学习是学生职业发展的重要基础。通过掌握智慧技能，学生能够在实际工作中高效地处理信息和完成任务，形成职业所需的核心能力和竞争力。

第三，认知策略的学习。认知策略是学生用以支配自己注意、学习、记忆和思维的内在组织的才能，这种才能使得学习过程的执行控制成为可能。简单地说，认知策略就是学生用来"管理"其学习过程的工具。

认知策略的学习帮助学生在学习过程中有效地管理和调控自己的认知活动。通过掌握认知策略，学生能够提高学习效率，增强记忆和理解能力，并形成系统的思维方式。认知策略的培养是现代教育的重要任务之一，它不仅有助于学生的学术发展，还能提升学生的自主学习能力和终身学习能力。

认知策略的学习包括多种方法和技巧，如制订学习计划、进行自我监督和反思等。通过这些方法，学生能够有效地组织和管理学习过程，提高学习效果和质量。

第四，态度的学习。态度是通过学习获得的内部状态，这种状态会影响个人对某种事物、人物以及事件所采取的行动。态度的学习是指学生通过学习形成对特定事物、行为和价值观的倾向性态度。

态度的学习在学生的全面发展中具有重要意义。通过态度的学习，学生能够形成积极的学习态度、健康的价值观和良好的人际关系。学校教育不仅关注知识和技能的传授，还应注重态度的培养，通过德育和心理教育，帮助学生形成正确的世界观、人生观和价值观。

态度的学习是通过多种方式实现的，包括课堂教学、社会实践和文化活动等。教师在教学过程中应注重态度的引导，通过榜样示范和情感交流，帮助学生形成积极的态度和良好的行为习惯。

第五，运动技能的学习。运动技能是指通过身体的协调和控制完成特定动作和任务的技能，如体操技能、写字技能、作图技能和操作仪器技能等。运动技能的学习帮助学生掌握实际操作和身体协调的能力。

在运动技能的学习中，学生通过反复练习和调整，逐渐形成熟练和自动化的动作模式。通过实践和反馈，学生能够不断改进和优化动作，提高动作的准确性和效率。

运动技能的学习在职业教育和技能培训中尤为重要。通过掌握运动技能，学生能够在实际工作中高效地完成任务，提高工作质量和效率。学校应注重实践教学和实训，帮助学生掌握职业所需的操作技能和实践能力。

2. 学生学习行为的特点

（1）专业性与广泛性并存。大学教育的一个显著特点在于其明确的专业划分，培养目标和教学内容都围绕特定学科展开。这使得大学生的学习行为具有鲜明的专业性特征。例如，工科学生在学习过程中会集中于工程数学、机械原理等专业课程，而医学专业的学生则专注于解剖学、生理学等。这种专业性的学习使得学生在其特定领域内能够深度发展，掌握相关知识和技能，为未来的职业发展打下坚实的基础。

然而，大学生的学习行为并不仅仅局限于其专业领域。现代大学课程体系中包含了一系列共同的基础知识，如外语、计算机等，这些课程旨在拓宽学生的知识面。此外，随着学习空间的扩展，从课堂到课外，从现实到网络，大学生有更多的机会根据个人兴趣和爱好自主学习各种理论知识和技能。这种广泛性的学习行为不仅丰富了学生的知识结构，也培养了他们的自主学习能力和多样化的兴趣爱好。例如，一个机械工程专业的学生可能会对编程产生浓厚兴趣，并利用课余时间自学编程语言，从而在未来的工作中具备更广泛的竞争力。

（2）自主性与依赖性并存。在高等教育学分制和弹性学制的背景下，大学生的学习行为表现出显著的自主性。学分制允许学生在完成必修课程的基础上，根据个人兴趣和职业规划自由选修课程，这使得他们能够灵活地安排学习时间和学习内容。弹性学制则给予学生更多的自主权，使他们能够根据个人需求和学习进度选择适合自己的学习方式和节奏。例如，某些学生可能选择在某一学期集中学习专业课程，而在另一个学期则侧重于选修课和课外活动，从而更好地平衡学业与生活。

然而，尽管大学生具有较高的自主性，他们在学习过程中仍然表现出一定的依赖性。这种依赖性主要体现在他们对教师的指导和支持的需求上。由于大学生的自身素质、知识结构和学习能力存在差异，他们在面对复杂的学习任务时，往往需要得到教师的指导。例如，在进行科研项目时，学生需要导师的建议和反馈，以确保研究方向的正确性和方法的科学性。同样，在处理学术论文时，学生也常常需要导师的帮助，以提高论文的质量和学术水平。因此，大学生的学习行为在自主性和依赖性之间找到了一种平衡，通过自主学习和教师指导的结合，不断提升自身的学习能力和综合素质。

（3）阶段性与整体性并存。大学生的学习行为在不同的学习阶段表现出明显的阶段性特点。在大学一年级，学生正处于从中学向大学过渡的阶段，他们的学习行为主要侧重于适应大学的学习模式和掌握专业基础知识。例如，工科学生在大一时需要学习高等数学和基础物理，这些课程为后续的专业课程打下了坚实的基础。进入二年级后，学生的学习重心逐渐转向对专业理论和基本技能的掌握，这一阶段的学习行为表现出较高的稳定性。到了大三，学生的学习目标更加明确，学习内容逐渐深入和专业化。例如，工科学生在大三时会深入学习流体力学、材料科学等专业课程，为毕业设计和科研项目做准备。大四时，学生面临择业和就业的压力，他们的学习行为更加注重实践性和实用性，如进行专业实习、毕业设计和就业技能培训等。

在大学生的学习行为存在阶段性特征的同时，其也表现出整体性的特点。无论是哪个阶段，大学生的学习目标始终围绕着学业成就和职业发展展开。例如，无论是在大一还是大四，学生都需要不断提高自己的知识水平和技能储备，以适应未来的职业要求和社会需求。整个大学学习过程的整体性表现为学生在学习目标、学习内容和学习方法上的连贯性和一致性。这种整体性的学习行为确保了学生在大学期间能够系统地获取知识，培养技能，并为未来的职业生涯做好全面的准备。

3. 学生学习行为的管理

（1）明确学习目标，激发学生深层学习动机。学习目标作为学生学习行为的核心驱动力，对学生的学习动机和学习效果具有重要影响。在大学生学习行为管理中，首先要明确的是帮助学生树立科学合理的学习目标，以此激发他们的深层次学习动机。科学合理的学习目标不仅包括学术成绩的提升，更涵盖了学生个人素质和能力的全面发展。具体来说，明确学习目标的步骤如下。

第一，引导学生充分理解个人需要与社会发展的关系。随着社会经济的发展和科技的进步，大学生在校期间所接受的教育不仅是为了满足个人的学术追求，更是为了能够适应未来社会的发展需求。因此，大学生在设定学习目标时，既要考虑个人的兴趣爱好和职业理想，也要认识到社会发展对人才的需求。通过职业发展辅导、社会实践活动等方式，帮助学生认识到只有将个人的发展与社会需求紧密结合，才能实现个人价值和社会价值的统一。

第二，充分激发学生的深层次学习动机。当前，大学生的学习动机往往较为功利，注重短期的学业成绩，而忽视了学习的长远意义。这种功利化的学习动机在一定程度上是由于就业压力所致，但过分追求短期目标容易导致学生失去学习的兴趣和动力，甚至出现学术不端行为。因此，学校和教师应通过多种途径激发学生的内在学习兴趣，如开展丰富的学术活动、提供多样化的课程选择、鼓励学生参与科研项目等，帮助学生从学习中找到乐趣，增强学习的持久动力。

第三，学校还应注重个性化教育，尊重每名学生的独特性和多样性，帮助学生设定符合其自身特点和发展需求的学习目标。通过个别辅导、兴趣小组等形式，挖掘学生的潜力，激发他们的学习动力，促使学生在学习中不断追求进步，形成积极的学习态度和习惯。

（2）强化学习自主学习管理模式，提升学生自主学习能力。自主学习能力是大学生未来走向社会、实现终身学习的重要基础。在高等教育中，传授知识固然重要，但更为关键的是培养学生自主学习的能力。强化自主学习管理模式，不仅可以提升学生的自主学习能力，还可以激发学生的学习兴趣和创新能力。

第一，要有针对性地客观分析学生的内在素质，根据学生的个性特点和发展需求，制定合理的阶段性学习规划。学校应针对不同专业、不同年级的学生，制定个性化的学习方案，为其提供相应的学习资源和方法指导。例如，建立自主学习规范、制定大学四年学习规划、完善自主学习制度等。通过这些措施，帮助学生养成良好的学习习惯，提高其自主学习的效率和效果。

第二，探索自主学习与小组学习相结合的方式，改变学生在学习上习惯单独学习的情况。小组合作学习不仅可以促进学生之间的交流与合作，还可以充分发挥集体智慧，增强学习的趣味性和互动性。通过组织小组讨论、项目合作等活动，培养学生的团队合作精神和解决问题的能力，进一步提升学生自主学习的效果。

第三，为学生自主学习提供充足的资源和良好的环境。学校应不断完善图书馆、网络教学等公共学习资源，为学生提供丰富的学习资料和便利的学习条件。同时，积极创造自主学习的实践机会，如开展创新创业项目、组织社会实践活动等，让学生在实践中不断强化自主学习的意识和能力。通过这些措施，帮助学生逐步形成自主学习的习惯，提高学习的主动性和创造性。

（3）建立科学长效的学习奖惩机制，营造良好的学习氛围。科学合理的学习奖惩机制对于促进学生的学习行为、营造良好的学习氛围具有重要作用。通过科学的奖励和适当的惩罚，可以有效地引导学生树立正确的学习态度，激发学生学习的积极性和主动性。

第一，构建以促进学生全面发展为指向的学习奖励机制。学习奖励机制应本着以正面激励为主的原则，充分激发学生的内在学习动力和积极性。对于在学术研究、社会实践、文体活动等方面表现优异的学生，应给予充分的物质奖励和精神奖励，如颁发奖学金、荣誉称号、表彰证书等。通过这些激励措施，树立优秀榜样，激励其他学生努力学习，不断追求进步。

第二，加强对学生学习行为的纪律规范，保障学校正常的教育教学管理秩序。对于违反学校管理规定的学生，如考试作弊、论文剽窃等不良行为，应本着教育为本、严格规范的原则进行管理。通过建立警示、预防、处理等相关机制，严肃校风校纪，为学生提供公平、公正的学习环境。同时，应注重教育引导，帮助学生认识到学术诚信的重要性，树立正确的价值观和学习观。

（二）学生社会实践行为

大学生社会实践行为，是大学生按照高等教育目标要求，深入实际、深化教学、服务社会，促进自身全面发展的活动行为。大学生社会实践作为高校培养人、教育人的一种基本教育形式，通常以"受教育、长才干、作贡献"为目标，以学生亲力亲为的实践体验活动为载体，逐渐发展成为高校课堂教学的重要延伸。

1. 学生社会实践行为的类别

社会实践是大学生全面发展、增长才干、服务社会的重要途径。它不仅能够增强大学生的社会责任感和实践能力，还能丰富他们的社会阅历，提升其综合素质。根据不同的分类标准，大学生社会实践行为可以被划分为多个类别。以下将从实践范围和实践内容两个维度详细探讨大学生社会实践行为的管理类别。

（1）按实践范围划分。大学生社会实践的范围涵盖了校园内外的多个领域，不同的实践环境对学生的锻炼有不同的侧重点。

第一，校内社会实践行为。校内社会实践主要是指大学生在校园内开展的各类实践活动。这些活动的组织和管理较为方便，学生可以利用课余时间参与，同时学校也能提供较为完备的支持和保障。

一是，校内勤工助学：校内勤工助学岗位主要包括图书馆助理、实验室助手、学生事务助理等。这类工作不仅可以帮助学生缓解经济压力，还能培养他们的责任感和时间管理能力。

二是，毕业设计：毕业设计是每个大学生必须完成的重要实践环节。通过毕业设计，学生将所学知识应用于实际课题，有助于提高自身的综合运用能力和创新能力。

三是，军事训练：军事训练是大学生素质教育的重要组成部分，旨在培养学生的组织纪律性、团队合作精神和国防意识。

第二，校外社会实践行为。校外社会实践则是大学生走出校园，在更广阔的社会舞台上进行的实践活动。这类实践活动能让学生更直接地接触社会，了解国情，锻炼能力。

一是，校外教学实践：这类实践主要是指大学生在校外参与的各类教学活动，如教育实习、支教等。通过实际教学，学生可以更好地理解教育理论，提升教学技能。

二是，校外专业实习：专业实习是学生走向职业生涯的重要一步。学生在企事业单位进行实习，不仅能将专业知识与实际工作相结合，还能积累职业经验，提升就业竞争力。

三是，假期工作实践：许多学生利用寒暑假进行各种工作实践。这些工作经验不仅可以帮助学生缓解经济负担，还能培养其独立性和社会适应能力。

四是，社会调查：社会调查是大学生在教师指导下，对某一社会问题进行的深入调查研究。通过调查，学生能够了解社会实际情况，提升分析问题和解决问题的能力。

五是，咨询服务：大学生利用专业知识为社会提供各类咨询服务，如法律咨询、心理咨询等。此类活动不仅能锻炼学生的专业技能，还能提升其社会服务意识。

六是，社区服务：社区服务活动包括社区清洁、文化宣传、法律援助等。这类活动能让学生更深入地了解社区，增强其社会参与感和服务意识。

（2）按实践内容划分。根据实践活动的内容，可以将大学生社会实践行为分为学习研究型、志愿服务型、参观教育型和有偿劳动型等类别。

第一，学习研究型。学习研究型社会实践主要是指大学生在专业教师的指导下，针对某一专业问题或社会热点问题，深入社会进行调查研究。参与此类实践活动可以培养大学生发现问题、解决问题的意识和能力，在形成调研报告、发表科研成果的过程中还可以锻炼学生的学术科研能力。

一是，专业调研：大学生根据专业要求，深入社会进行实地调研，了解相关领域的实际情况。通过调研，学生不仅可以加深对专业知识的理解，还能培养自身的独立思考能力和创新能力。

二是，科研实习：在教师指导下，学生参与科研项目，进行实验和研究工作。这类实习能够锻炼学生的科研能力，提高其学术水平。

第二，志愿服务型。志愿服务型社会实践主要指学校、学生社团或学生个体为满足社会需要而开展的公益性志愿服务活动，如绿化城市、美化校园、科技扶贫、义务演出、义务宣讲等。

一是，环保活动：学生参与城市绿化、环保宣传等活动，可提升环保意识，促进生态文明建设。

二是，社会福利：学生参与老年人护理、儿童教育等社会福利活动，可以帮助弱势群体，弘扬志愿服务精神。

三是，文化宣传：学生参与义务演出、文化宣讲等活动，可传播文化知识，丰富社区文化生活。

第三，参观教育型。参观教育型社会实践主要是指学校或学生自发组织走进社会，到工厂、企业、学校、名胜古迹等进行参观考察。学生通过直接的感官体验，了解国情，升华思想，从中得到教育和启迪。

一是，企业参观：学生走进企业，了解生产流程和企业文化，增强对行业的认识和理解。

二是，历史文化考察：学生参观名胜古迹、博物馆等，了解历史文化，提高文化素养。

三是，教育考察：学生参观学校，了解基础教育情况，为未来的教育工作积累经验。

第四，有偿劳动型。有偿劳动型社会实践是指大学生以获得经济报酬为主要目的而进行的社会实践活动。这类活动既包括由学校为学生提供的勤工助学岗位，如图书管理、助研管理等，也包括学生个体或集体自发组织参与的相关行为，如从事家教、推销产品、利用寒暑假时间到企事业单位打工锻炼等。

一是，勤工助学：学校为学生提供的勤工助学岗位，如图书管理、助研管理等，这些岗位不仅帮助学生解决了经济问题，还能培养他们的责任感和工作能力。

二是，兼职工作：学生利用课余时间从事的各类兼职工作，如家教、推销等，这类工作不仅能缓解经济压力，还能锻炼学生的沟通能力和社会适应能力。

三是，假期打工：学生在寒暑假期间进行的打工活动，如在企事业单位从事临时工作，这类工作能够提升学生的实践能力和社会经验，为未来就业打下基础。

2. 学生社会实践行为的特点

大学生社会实践行为的特点具有多方面的学术意义和现实意义，这些特点包括但不限于体验性、专业性、阶段性、组织性和创新性等。以下从这些角度深入探讨大学生社会实践行为管理的特点。

（1）体验性。体验性不仅是学生学习知识、掌握本领的重要途径，更是学生全面发展的关键环节。通过社会实践，学生可以在真实的社会环境中感知、理解和体验各种社会现象和问题，从而将理论知识与实际情况有机结合起来。社会实践提供了一个独特的平台，让学生能够将课堂上所学的抽象理论知识应用到具体的社会问题解决中，实现知识的内化和升华。例如，法律专业的学生可以通过参与法律援助活动，直观感受法律在现实社会中的具体应用；教育专业的学生则可以通过教学实习，体会教育理论在实际教学中的具体实施。这种体验不仅增强了学生对所学专业知识的理解和掌握，还提高了他们解决实际问题的能力和水平。

（2）专业性。专业性体现了高校教育教学过程中理论与实践相结合的重要性。大学生社会实践不仅是对所学专业理论知识的检验和反思，也是运用专业知识服务社会的重要途径。具体而言，社会实践活动的设计和实施需要紧密结合学生的专业背景和学习需求。例如，医学专业的学生可以通过参与社区医疗服务，提高自身临床操作技能和医患沟通能力；工程专业的学生则可以通过参加工程项目实习，增强工程设计和施工管理能力。这种专业化的实践活动不仅提升了学生的专业素养和实践能力，也有助于学生将所学知识转化为实际工作能力，进一步明确自身职业发展方向。

（3）阶段性。阶段性主要体现在社会实践活动的内容和形式会随着学生年级的变化而有所不同。低年级学生的社会实践活动主要集中在校园内及其周边，目的是活跃课余文化生活、培养兴趣爱好和提升基本能力。这一阶段的社会实践活动形式多样，包括志愿服务活动、社团活动、校园文化活动等。而高年级学生的社会实践活动则更注重深入社会，通过调查研究、专业实习等方式，将专业知识与社会实际紧密结合起来。例如，高年级学生可以通过参与企业实习、科研项目、社会调查等活动，提高专业技能和实践能力，为毕业后顺利进入社会做好充分准备。此外，社会实践活动的阶段性还体现在学生参与时间上的差异，如假期实践、学期中实践等，这些不同阶段的实践活动共同构成了大学生社会实践的完整体系。

（4）组织性。组织性是大学生社会实践行为管理的基本保障，高效的组织和管理对于社会实践活动的成功实施至关重要。高校在组织社会实践活动时，需要从整体规划、活动设计、资源配置、过程管理和效果评估等多个方面入手，确保社会实践活动有序、有效地进行。例如，高校可以通过建立专门的社会实践管理机构，制定详细的社会实践计划，明确各项活动的目标、内容和要求，合理安排时间和资源，确保每个学生都能参与到适合其专业和兴趣的社会实践活动中去。同时，高校还应加强对社会实践活动的指导和支持，如安排专业教师担任指导教师，提供必要的实践经费和设备支持，确保学生在社会实践过程中能够得到充分的指导和帮助。此外，高校还应建立科学的评估机制，通过多种形式的考核和反馈，及时了解和评价社会实践活动的效果，为今后的社会实践活动提供改进和完善的依据。

（5）创新性。创新不仅是社会实践活动的灵魂，也是提升社会实践效果的关键。高校在组织社会实践活动时，应积极探索和创新社会实践的形式和内容，不断提升社会实践活动的吸引力和实效性。例如，高校可以通过与企事业单位、社区、非政府组织等建立合作关系，开展多样化的社会实践活动，如开展创新创业项目、社会服务项目、文化交流项目等，丰富社会实践活动的内容和形式，满足学生多样化的实践需求。此外，高校还可以利用信息技术手段，探索线上线下相结合的社会实践模式，如通过在线平台发布社会实践信息、组织线上培训和指导、开展线上实践活动等，提高社会实践活动的便捷性和灵活性。同时，高校还应鼓励学生自主设计和组织社会实践活动，发挥学生的主体作用和创造力，提升社会实践活动的自主性和创新性。

（6）整合性。整合性强调将社会实践活动与高校教育教学、科研创新、社会服务等方面有机结合，实现多方面的协同管理和综合效益。具体而言，高校在组织社会实践活动时，应注重将社会实践活动纳入整体教育教学体系，充分利用教学资源和科研成果，提升社会实践活动的专业性和学术性。例如，高校可以通过将社会实践活动与课程教学、科研项目结合起来，鼓励学生在社会实践中应用所学知识，开展创新性研究和实践，提高社会实践活动的学术水平和应用价值。此外，高校还应注重将社会实践活动与社会服务、校企合作等结合起来，通过与地方政府、企事业单位、社区等的合作，共同开展社会实践活动，实现资源共享和协同发展，提升社会实践活动的社会效益和影响力。

3. 对学生社会实践行为的管理

学生社会实践行为作为大学教育中不可或缺的一部分，既有助于学生理论知识与实践技能的结合，又是促进学生全面发展的重要途径。以下将从完善运行机制、强化专业指导和加强示范宣传三个方面探讨学生社会实践行为的管理策略，以提高社会实践活动的效果和影响力。

（1）完善运行机制，充分调动大学生参与社会实践的积极性。社会实践作为学校教育教学活动的重要组成部分，应当被纳入整个教学体系，以确保学生能够在实践中获得系统和深入的学习体验。要有效推动社会实践活动的开展，学校可从以下方面着手。

第一，引入学分制度，将社会实践作为学生获得学分的重要途径之一。通过设立明确的学分要求和达成标准，激励学生参与到多样化的实践活动中去。这一机制不仅能够规范学生的社会实践行为，还能够促使学生更加主动地探索和参与社会实践。

第二，建立健全的保障和激励机制对于增强学生参与社会实践的积极性至关重要。例如，可以设立专项基金来解决学生在实践中可能遇到的交通、住宿等费用问题，从而减轻学生的经济负担，使更多学生能够参与到实践活动中来。同时，对于在实践活动中表现优异的学生，应当给予适当的物质和精神奖励，以鼓励他们在实践中积极进行探索和创新。这种奖励制度不仅可以提高学生的参与度，还能够有效推动教学实践活动的深入开展和成果的实现。

第三，建立健全的考核评价机制是保障社会实践活动有效开展的关键。应当制定科学的考核标准和评价方法，全面、多角度地对学生的实践活动进行评估。这种评价机制不仅有助于学校了解学生在实践中的表现和成长，还能够为学生提供及时的反馈和指导，帮助他们在实践中不断完善和提升自己的能力。

第四，努力实现社会实践运行的基地化、项目化和社会化。学校应通过加强与社会单位的联系，建立稳定的社会实践基地，确保学生能够在实践中接触到真实的社会问题和挑战。同时，应当通过招标等方式确立实践项目，使实践活动能够更加有针对性和实效性地开展，为学生提供更加丰富和多样化的实践机会。

（2）强化专业指导，确保学生社会实践活动的科学开展。为了确保学生社会实践活动的有效开展，学校应当结合实际情况，建立和完善校院两级的社会实践活动指导体系。在学校层面，应设立专门的大学生社会实践领导小组（由学校分管领导和相关部门负责同志组成），负责统筹和协调高校社会实践活动的组织和指导工作。这种领导小组不仅能够提供全面的对内组织指导和对外联络沟通，还能够建立科学规范的管理制度，确保社会实践活动有序、有效地进行。

在各院系层面，应充分发挥各院系的专业优势，选拔并培养一支优秀的社会实践指导教师队伍。这些指导教师不仅要具备丰富的实践经验和专业知识，还要能够为学生提供有针对性的实践指导和支持，确保学生在实践中能够充分发挥自己的专业优势和创新能力。通过建立院系级的社会实践指导机制，学校能够更加有效地指导和支持学生的社会实践活动，提升活动的实效性和影响力。

此外，学校还应当加强对学生社会实践活动的理论研究，探索和建立大学生社会实践行为的科学发展体系。通过开展理论研究和实践探索，能够为学生社会实践活动提供更加系统和科学的指导和支持，从而不断提高社会实践活动的质量和效果。

（3）加强示范宣传，进一步扩大社会实践活动效果的影响力。为了提高社会实践活动的影响力和社会效果，高校应当加强示范宣传工作，通过多种方式和渠道将优秀的社会实践活动向社会广泛宣传和展示。首先，可以通过评选和培育具有示范性的社会实践团队和个人，为他们提供更广阔的展示平台和发展空间。这些示范性团队和个人不仅能够在实践活动中取得显著成绩，还能够成为其他学生学习和效仿的榜样，进一步推动社会实践活动的深入开展和成果的实现。其次，学校可以通过多渠道和多形式的宣传活动，提升社会实践活动的影响力。例如，可以利用校园网站、校报校刊、电子屏幕等多种校园媒体，及时发布和宣传优秀社会实践活动的成果和效果。同时，可以通过社交媒体平台和互联网等新媒体手段，扩大社会实践活动的传播范围，吸引更多的关注和支持。通过宣传活动，能够有效地增强社会实践活动的社会影响力和认知度，为学生的个人成长和社会责任感的培养提供有力的支持和保障。

第二节　学生群体组织管理

大学生群体组织的产生是大学生内在心理需要和教育目标、教育规律相互作用的结果。大学生内在心理需要主要体现在情感交往的需求、获得认同感的需求和实现自我发展的需求三方面。一是情感交往的需求。大学期间学生的交往需求比较迫切，渴望与他人交流，希望得到同龄人的关注以摆脱初入学时的孤独感，希望通过突破原有的个人生活圈、学习圈，拓宽视野，丰富自己的生活，因此大部分大学生对于参加集体活动非常积极，这也是大学生群体组织形成的一个重要原因。二是获取认同感的需求。大学生希望能在学习、生活和交往等方面显示自己的才能，发挥自己的作用，得到社会和他人的认可。学生组织通过开展各种比赛、表彰活动等，为学生提供认识并实现自身价值的机会，从而满足学生获取认同感的需要。三是满足学生自我发展的需求。伴随着社会进程的加快，社会竞争越来越激烈，大学生从入学开始就意识到未来考研、就业的压力，这种危机意识使其自我提高的要求增强。学校组织开展各类培训、竞赛的目的都是为了培养大学生的能力和素质。学生通过参与活动可以锻炼能力、提高素质，实现自我发展。

一、学生群体组织管理的分类

在大学生群体组织管理的分类问题上，学术界普遍采用多种维度进行分类。以下根据大学生群体组织的组织结构、存在形式以及组织的目标性质，系统探讨其分类方法和特征。

第一，根据大学生群体组织的组织结构和形式的不同，我们可以将其分为正式群体组织和非正式群体组织。正式群体组织通常具有明确的组织机构和管理层级，其成员之间的关系和权责较为清晰。例如，学生会、学生议会等属于正式群体组织的典型代表，它们通常通过选举产生领导人，并依据章程和规章制度化运作。这种类型的组织在大学校园中扮演着重要的代表性和管理功能，其决策往往具有广泛的影响力和权威性。与正式群体组织相对应的是非正式群体组织，这类组织通常没有明确的法律地位或官方认可，其形成更多依赖于共同兴趣、互动或临时性的需求。例如，一些由学生自发组成的学习小组、兴趣社团或志愿服务团体等，尽管在形式上不具备正式组织的结构，但在社交、学术或文化交流方面起到了积极作用。这些非正式群体组织的特点在于灵活性强、参与度高，常常能够更快速地响应特定需求和变化。

第二，根据大学生群体组织的存在形式，可以将其区分为假设群体组织和实际群体组织。假设群体组织指的是形式上存在，但在实际运作中功能和活动相对较少或缺乏实质性影响力的组织。这类组织可能由于成员参与度低、管理不善或目标不明确而未能充分发挥其潜力和作用。相反，实际群体组织则是指在大学生活中真实存在并发挥作用的组织形式，其成员积极参与并推动组织活动的开展，如学生社团、科研团队等，这些组织通过活动和项目的实施为成员提供了丰富的学术、社交和实践经验。

第三，根据大学生群体组织的目标和性质，可以将其划分为政治型群体组织、学习型群体组织和兴趣爱好型群体组织等不同类型。政治型群体组织通常关注于学生权益、社会议题或政治倡导等，其活动和行动往往具有一定的政治影响力和公共关注度。学习型群体组织则注重于学术研究、学科竞赛或学习技能的提升等，例如学术科研团队、学术协会等，这些组织通过促进学术交流和知识分享来增强成员的学术能力和专业素养。此外，兴趣爱好型群体组织则以个人兴趣或爱好为核心，如艺术团体、体育俱乐部等，为成员提供了开展业余爱好和社交交流的平台。

二、学生群体组织管理的特点

大学生群体组织的管理特点可以从多个方面进行深入探讨，其涵盖了相似性、年轻化、互动性和文化性等重要方面。

第一，大学生群体组织的成员具有显著的相似性。这种相似性源于他们共同的学术背景、年龄段和追求的目标。大多数成员在接受高等教育的过程中，积累了相似的认知水平和思维方式，这为组织内部的沟通和协作奠定了基础。此外，他们在年龄上、心理状态上也有着较为相似的特点，这使得他们更容易形成共识和理解，共同追求个人与集体的发展目标。

第二，大学生群体组织的年轻化特征显著。组织成员大多处于青年期，充满活力和创造力，这不仅促进了组织内部活动的积极性，也带来了管理挑战。青年人的思想容易受到外界影响，他们的观念和态度可能会频繁变化，这种不确定性增加了组织管理的复杂性。然而，正是这种年轻化特质，使得大学生群体组织更具有创新性和活力，能够迅速适应新环境和挑战。

第三，大学生群体组织的互动性是其在管理上的重要特征。由于成员之间共享的学术和生活背景，他们之间的交流不仅限于组织任务，还涉及广泛的社交和学术话题。这种深入的互动促进了成员之间的理解和信任，同时也为组织的发展提供了多样化的资源和支持。大学生组织的互动还体现在成员之间的密切合作和共同决策过程中，这要求管理者具备良好的沟通和领导能力，以促进组织目标的实现。

第四，大学生群体组织的文化性是其独特的管理特征之一。这种文化性不仅表现在组织成员对知识的高度重视和追求上，还体现在组织内部的价值观和行为准则上。大学生群体组织往往倡导高品位的学术标准和行为标准，强调个体的自我实现与社会责任的结合，这种文化特征不仅是组织发展的动力源泉，也是其吸引力和影响力的重要体现。

三、学生群体组织的管理策略

大学生群体组织管理作为高等教育管理的重要组成部分，其在促进学生全面发展、推动校园文化建设以及培养学生领导力等方面发挥着关键作用。以下探讨有效的管理策略，以实现大学生群体组织管理工作的系统化、现代化、规范化和科学化。

第一，大学生群体组织的管理需要建立在科学的理论框架之上。管理者应当深入理解教育理论、组织行为学以及心理学等相关学科，从理论上为管理实践提供指导。例如，通过学习群体动力学理论，管理者可以更好地理解群体内部成员之间的互动关系及其对组织效能的影响，从而调动组织内部的积极因素，提升组织的凝聚力和创造力。

第二，管理策略的制定应当充分考虑到大学生群体组织的特点和发展阶段。不同类型的组织可能存在着不同的管理需求，例如学术性组织与兴趣性组织在目标设定、成员招募及活动策划上可能存在显著差异。因此，管理者需要根据实际情况制定差异化管理策略，精准应对各类组织的管理挑战。

第三，现代信息技术的应用对大学生群体组织管理具有重要的推动作用。随着信息化时代的来临，管理者可以利用各类管理软件和在线平台，实现对组织内部信息的快速获取、传递和反馈，提升管理的时效性和准确性。例如，通过建立电子化档案管理系统，管理者可以实时掌握组织成员的信息变动，及时调整管理策略和资源配置，有效提升管理效率。

第四，管理者的专业化和团队化也是推动大学生群体组织管理现代化的重要因素。在管理者的选拔和培养过程中，应当重视其专业素养和团队协作能力的培养，使其能够在复杂多变的管理环境中作出科学决策，并有效应对挑战。此外，建立多层次、多专业的管理团队，能够有效地整合各方资源和智慧，共同推动组织的发展和进步。

第五，大学生群体组织管理的现代化还需依托健全的制度建设和科学的评估机制。管理者应当建立起完善的管理制度和规范的操作流程，确保管理工作的稳定性和可持续性。同时，管理者还应通过建立科学的绩效评估体系，对管理工作进行定期评估和反馈，及时发现问题并进行调整和改进，以保证管理策略的有效实施和组织目标的持续达成。

第三节　学生安全与资助管理

一、加强学生安全管理

学生安全管理是指管理者根据社会的要求，针对大学生群体特点，有计划、有组织、有目的地对大学生实施安全教育及管理，妥善处理各类安全事故，以保障高校的稳定和大学生安全，最终达到引导大学生全面健康成长的目的。大学生安全管理已由以往单纯地强调校园安全管理向以建立教育、管理和事故处理一体化的服务体系转变，逐步成为以培育安全理念，提高安全素养，增强安全技能，促进大学生的全面健康发展为目的的安全管理活动。

（一）学生安全管理的特点

学生安全管理相较于其他安全管理领域，具有其独特的特点和重要性。以下从青年性、群体性和教育性三个方面探讨大学生安全管理的特点，并深入分析其在实践中的重要任务和挑战。

第一，学生安全管理的青年性特征突显了其针对青年大学生群体的特殊需求和挑战。青年学生处于生理和心理上的成长期，他们具备活跃的思想、独立性强的特点，同时对新鲜事物和知识表现出敏感度。然而，他们的安全意识普遍较为淡薄，社会经验和防范能力不足，这使得他们在面对校园和社会生活中的安全风险时更易于受到影响。因此，大学生安全管理需要通过教育和管理手段，引导青年学生形成正确的安全意识和行为习惯，以及增强他们的安全自护能力。这种管理方式不仅仅是对他们在校园生活中安全管理的要求，更是对其成长过程中安全保障的一种深入参与和引导。

第二，学生安全管理具有显著的群体性特征。大学校园内形成了一个特定的群体生活环境，包括寝室、教室、实验室等多样化场所，这些场所不仅是学术交流和学习的场所，也是学生生活和成长的重要舞台。有效的群体性管理需要针对不同场所的特点，实施针对性的安全措施和管理策略，以确保每位大学生在校期间的人身和财产安全，维护学校的正常秩序和稳定。群体性管理不仅仅是对个体学生的关注，更是对整个学校环境的综合性把控，使其成为一个安全和谐的学术社区。

第三，学生安全管理具备明显的教育性特征。安全管理不仅仅是为了应对已经发生的安全问题，更是为了通过教育和培训预防潜在的安全风险。大学生在校期间，通过各种形式的安全教育和培训，如安全常识教育、技能培训以及职业安全教育，使得学生能够逐步掌握和运用日常生活中的安全防护知识和技能。这种教育不仅限于课堂教学，更包括校园内外的实践活动和应急演练，以提升学生的安全意识和应对能力，为他们未来的社会生活打下坚实的安全基础。

在实践中，学生安全管理面临多重挑战和任务。首先，需要广泛宣传和贯彻国家安全管理的方针、政策和法律法规，确保学生能够理解和遵守相关规定。其次，要开展系统的安全教育，包括从基础安全常识到高级应急反应技能的全面培训，使学生在各种潜在安全威胁面前都能够保持冷静和应对。此外，日常的安全管理工作也是不可或缺的，包括安全防范措施的实施、校园环境的安全维护以及对安全事件的及时处理和应对。

（二）学生安全管理的原则

在当前高等教育环境中，学生安全管理原则至关重要，它直接关系到每位大学生的身心健康与全面发展。以下围绕保护学生原则、教育先行原则、明确责任原则和教管结合原则展开探讨，深入分析其在大学生安全管理中的理论依据和实践应用。

1. 保护学生原则

保护学生原则强调以学生为中心，从学生的生活、学习和成长需求出发，开展综合的安全教育和管理活动，旨在保障他们的人身安全和财产安全，促进其健康成长。在大学生安全管理中，贯彻保护学生原则意味着采取积极主动的管理策略，而非被动应对。这种管理需要深入了解学生的安全需求，同时注重个体和群体之间的关系。个体教育与群体管理相结合，不仅要重视个体的安全意识和自我管理能力培养，还需有效组织群体参与安全教育活动，从而将外在的安全教育转化为学生内在的安全意识和行为习惯。

2. 教育先行原则

教育先行原则在大学生安全管理中的核心作用是强调预防和教育的重要性。通过系统的安全教育，包括课堂教学、课外实践和各类宣传活动，使学生能够全面掌握安全知识和技能，深刻理解安全防范的重要意义，并自觉参与到安全管理中来。教育先行不仅仅是简单地传授知识，更是通过教育培养学生的安全意识和防范能力，以预防为主导，避免事故的发生。同时，教育先行原则也强调安全技能的培训和实践，确保学生在面对突发情况时能够应对自如，不仅有理论基础，更有实际操作能力。

3. 明确责任原则

明确责任原则在大学生安全管理中体现为建立健全的岗位责任制度和责任追

究机制。这种原则有助于形成从上到下的合力，通过部门间的协作和责任分工，确保安全管理工作制度化、法律化和长效化。明确责任不仅明确了各职能部门的安全管理责任，还将责任与权利结合起来，实现责权分明。此外，建立科学的责任评估体系和考核指标体系，能够客观评估安全管理工作的实际效果，为持续改进和优化提供依据。

4. 教管结合原则

教管结合原则要求在大学生安全管理中，将安全教育与安全管理有机结合，发挥二者的互补作用。通过有效整合教育和管理资源，使安全教育不仅仅停留在理论上，而是贯穿于管理实践中，从而提高整体安全管理水平。教管结合原则还强调根据不同的时间、地点、工作对象和任务调整教育与管理的重心，使二者相辅相成，更有效地服务于学生的安全需求。

（三）学生安全管理的策略

在当代高校管理中，学生安全管理被视作重要议题，特别是在宿舍和公寓等学生生活主要场所的安全管理尤为关键。宿舍和公寓不仅仅是学生生活的地方，更是安全问题集中的区域，涉及学生的人身安全、财产安全以及日常生活安全。因此，有效的学生安全管理策略成为确保学校安全和学生福祉的关键措施之一。

第一，将宿舍和公寓视为重要阵地，开展全面的安全管理工作，对学生的安全需求进行深入了解是至关重要的。这不仅包括关注学生的生活细节，如饮食、居住、生活习惯等，更需要通过与学生的密切互动建立起信任和沟通的桥梁。只有这样，学校管理者才能有效了解学生的真实安全需求，及时提供相关安全教育和服务，帮助他们解决实际生活中遇到的各类安全问题。一是，严格管理宿舍和公寓，及时排查和处理安全隐患。在了解学生需求的基础上，要有系统地开展安全隐患的排查工作，特别是涉及火灾、用电安全、网络安全等关键领域。通过制定详细的安全管理规章制度，并严格执行，可以有效预防和应对各类安全事件的发生，保障学生的安全和权益不受侵犯。二是，强化思想政治教育的作用，引导学生树立正确的安全观念和行为习惯。安全管理不仅仅是技术和规章制度的执行，更需要通过思想政治教育深入学生内心，提高他们的安全意识和安全素养。这需要学校通过多种形式的安全教育活动，如讲座、培训、模拟演习等，引导学生在面对各类安全挑战时能够做出理性的反应和行为选择。

第二，以案例教育为核心，深入分析和研究安全事故案例，为学生提供生动且具有说服力的安全教育。案例教育不仅帮助学生理解安全事件发生的原因和处理方式，更重要的是通过实际案例的讲解和分析，增强学生对安全问题的警觉性和应对能力。建立案例教育库，并根据不同情境和季节变化及时调整案例教育内容和形式，可以有效提升学生的安全意识和应急处理能力。

第三，强调以班级和党团组织为依托，引导学生加强自我安全教育和管理，实现自我服务。通过组织学生到班级和社团开展安全管理工作，不仅能够增强学生的集体责任感和团队合作精神，还能够激发学生的自我管理意识和自我教育能力。这种基于组织的安全管理模式，能够有效地将安全责任下放到基层，使每个学生都成为安全管理工作的参与者和推动者。

第四，树立服务学生的理念，将学生的安全利益置于首位，是做好安全事故处理工作的关键。在面对安全事故时，必须以学生的利益为出发点，及时响应、迅速处理，并通过事故后的教育引导工作，帮助学生理解事故的教训和影响，促使其形成正确的安全态度和行为。

第五，为了不断提升大学生安全管理工作的质量和效果，需要进行深入的调查研究，探索适合当前学生群体和社会环境的新安全管理内容和方法。只有不断地调整和创新安全管理策略，才能更好地应对日益复杂和多样化的安全挑战，确保学校和学生的安全和稳定。

二、学生资助管理

在当前社会主义和谐社会建设的背景下，学生资助管理显得尤为重要和紧迫。以下从政策实施、教育公平以及人才培养的角度，深入探讨大学生资助管理的重要性和必要性。

第一，学生资助管理作为国家高等教育资助政策的具体体现，其重要性不言而喻。随着经济的快速增长，社会对高等教育的需求显著提升，但地区和家庭经济的差异导致了一些学生难以承受高昂的教育费用，这直接影响了他们接受高等教育的机会和条件。特别是经济相对落后的地区和家庭，其学生的学习和成长往往面临更大的困难。通过加强大学生资助管理，国家能够有效地解决经济困难家庭学生的教育负担，从而促进社会的和谐与稳定，推动全社会教育公平的实现。

第二，教育公平作为社会公平的重要基础，直接关系到国家整体发展的可持续性。当前，尽管我国已经实施了收费并轨和稳定招生规模等改革措施，以适应社会经济发展的需要，但仍有大量家庭经济困难学生由于经济原因无法享受到高等教育的机会。学生资助管理的实施，通过向这些学生提供经济资助和能力培养，不仅确保了他们平等接受高等教育的机会，也有助于他们在教育过程中获得高质量的教育资源，从而提升其未来的竞争力和社会地位。

第三，从人才培养的角度看，大学生资助管理更是一项客观需求。在国家推进创新型国家战略的过程中，高素质人才的培养显得尤为关键。然而，家庭经济困难学生由于经济限制，往往难以顺利完成学业，无法充分发挥个人潜能，这不仅损害了个人的发展权利，也影响了国家的长远发展利益。通过加强大学生资助管理，建立健全的资助体系，不仅关心和支持这些学生的学习与生活需求，还能为国家输送更多具备创新能力和实践能力的人才，从而有效支撑国家经济结构的升级和人力资源的优化配置。

第四节　学生教育管理的创新

在当代高等教育体系中，学生教育管理的创新成为学术界和实践界共同关注的焦点。以下探讨如何通过更新理念、创新方法以及拓展管理途径来推动大学生教育管理的发展，以应对日益复杂和多样化的教育环境。

一、更新大学生教育管理理念

"随着当今国际形势的深刻变化和改革开放的不断深入，高等院校学生教育管理工作既面临有利条件，也面临严峻挑战。"[①] 传统上，大学教育管理注重规范、纪律和传统的权威性教学模式，但这种模式在现代知识经济和信息时代的挑战下显得日益滞后。因此，更新教育管理理念势在必行。

第一，新理念应当注重个性化和定制化教育。这意味着将教育从传统模式转变为根据学生的个体需求和潜力进行量身定制的教育方案。例如，通过引入先进的学习分析技术和个性化学习平台，能够更好地了解和满足学生的学习需求，从而提升教育管理的精准度和效果。

第二，更新的理念应强调跨学科和跨文化的教育视野。现代社会对综合能力和跨界合作的需求日益增长，大学生教育管理应当通过开设跨学科课程、推动国际化交流和合作项目等方式，培养学生的全球视野和国际竞争力。

第三，新理念下还需重视可持续发展和社会责任教育。大学生不仅需要学术知识，还需具备社会责任感和可持续发展意识。因此，教育管理部门应当引导学生参与社区服务、环保行动等活动，培养其社会责任感和全球公民意识。

二、创新大学生教育管理方法

创新方法的引入是更新教育管理理念的重要手段。在传统的教育管理方法基础上，创新方法可以通过以下方面实现。

第一，技术创新在教育管理中的应用。例如，人工智能和大数据技术可以帮助学校更好地分析学生的学习习惯和行为模式，从而优化教学计划和资源配置，实现个性化教学管理。

第二，教学方式和评估方法的创新。传统的考试评估模式已经不能全面反映学生的学习成果和能力，因此可以探索基于项目、实验、跨学科研究等多元化评

---

① 陈博，刘湘，张斌．高校教育管理的方法研究 [M]．长春：吉林出版集团，2022：136.

估方法，以促进学生创新思维和综合能力的培养。

第三，学生参与决策的创新。传统上，学生在教育管理中往往是被动接受者，而现代教育管理可以通过设立学生代表机制、参与式预算等方式，增强学生参与感和管理的透明度，从而提升管理效能和学生满意度。

第四，教师培训与发展的创新。教师是教育管理的核心执行者，他们的素质和能力直接影响着教育的质量和效果。因此，通过引入教师创新培训课程、跨学科教学团队建设等方式，提升教师的专业水平和教育管理创新意识。

三、拓展大学生教育管理途径

为了更好地应对多样化和复杂化的教育需求，拓展大学生教育管理的途径至关重要。拓展途径可以从以下方面展开。

第一，建立跨部门协作的教育管理平台。大学内部各部门（如教务处、学生处、校园服务中心等）往往是分立运作的，通过建立信息共享、资源整合的协作平台，可以实现教育管理的高效运转和资源优化利用。

第二，加强与外部社会资源的合作与整合。大学可以与政府部门、行业企业、非营利组织等建立长期合作关系，共同开展社会实践、职业技能培训、科研合作等活动，丰富学生的学习体验和实践机会。

第三，推广国际化教育管理实践。随着全球化进程的加速，大学生教育管理需要更加开放和包容。可以通过拓展国际学生交流项目、引进国际化课程和认证体系等方式，促进国际化视野下的教育管理创新。

第四，注重教育管理的可持续发展。教育管理不仅要关注当前的教育质量和效果，还需考虑长远发展的可持续性。因此，可以通过建立长效机制、评估和调整教育政策，确保教育管理在长期发展中保持活力和适应力。

综上所述，通过更新理念、创新方法和拓展途径，可以推动大学生教育管理在面对新时代挑战时的持续发展和优化。这不仅是对传统教育管理模式的革新，更是对未来教育理想的追求与探索。随着社会变迁和知识进步的不断推动，大学生教育管理的创新势在必行，其重要性和迫切性愈加凸显。

第五章　教育管理的治理路径

第一节　教育优先发展与保障投入

一、教育优先发展

"随着经济全球化、知识经济时代的到来，人类社会驶入了高速发展的快车道，国际竞争日趋激烈。经济要想在竞争中得到发展，就必须进一步落实科教兴国战略，把教育真正摆上优先、超前、加快发展的战略地位，切实把经济发展转移到依靠科技进步和提高劳动者素质的轨道上来，为国家未来经济的发展奠定人才基础和做好智力储备。"[①] 教育优先发展需要注意以下方面。

（一）教育优先发展需要抓住机遇

教育的优先发展不仅是国家长远发展的战略选择，更是应对全球化浪潮和信息化社会挑战的重要举措。在这一过程中，抓住机遇成为实现教育优先发展的首要任务。机遇在教育领域随处可见，如何把握这些机遇，将其转化为推动教育发展的现实动力，是各级教育主管部门和教育工作者需要共同面对的课题。

第一，信息技术的迅速发展为教育优先发展提供了前所未有的机遇。互联网的普及、移动设备的广泛应用以及大数据、人工智能等前沿技术的迅速发展，使得教育信息化成为可能。在线教育平台的兴起，打破了传统教育的时空限制，极大地拓宽了教育资源的获取渠道。教育工作者应当积极拥抱这些技术变革，通过

[①] 林海燕 . 教育管理的创新思维与模式探索 [M]. 北京：中国原子能出版社，2022：156.

大力发展在线教育，促进教育资源的公平分配，提升教育质量和效率。通过技术手段，教育工作者可以更好地满足学生的个性化学习需求，因材施教，最大限度地发挥学生的潜力。

第二，国际化趋势为教育的优先发展提供了广阔的舞台。全球化使得教育的国际交流与合作日益频繁，各国教育资源的共享与互通成为可能。通过加强与国际教育机构的合作，学习借鉴先进的教育理念和管理经验，可以推动国内教育的改革创新。同时，通过引进国际优质教育资源，可以提高本土教育的国际竞争力，培养具有国际视野的高素质人才，适应全球化发展的需要。

第三，政策支持是抓住教育发展机遇的重要保障。国家和各级政府在教育优先发展方面的政策扶持，是推动教育事业不断前进的重要力量。近年来，我国在教育领域出台了一系列政策措施，从加大教育投入、改善办学条件，到深化教育体制改革、推进教育公平，都为教育优先发展提供了坚实的政策保障。教育工作者应当深入理解并充分利用这些政策，通过科学规划和有效实施，确保政策红利最大化，切实推动教育事业的发展。

第四，社会力量的参与也是抓住教育发展机遇的重要方面。随着社会的发展，企业、非政府组织和个人对教育事业的关注和投入不断增加。社会力量的参与，不仅可以补充教育资金的不足，还可以带来新的教育理念和管理模式，推动教育创新。教育工作者应当积极引导和规范社会力量的参与，形成政府、学校、社会等的多方合力，共同推动教育优先发展。

（二）教育优先发展需要善于管理

第一，教育管理需要以学生为本。教育的最终目标是培养学生，所有的管理措施都应当围绕这一目标展开。教育管理者应当关注学生的全面发展，既要重视知识的传授，更要重视能力的培养和素质的提升。在教学管理上，要因材施教，满足不同学生的学习需求；在生活管理上，要关注学生的身心健康，营造良好的学习和生活环境；在评价管理上，要建立多元化的评价体系，全面反映学生的发展状况。

第二，教育管理需要以质量为先。教育质量是教育发展的生命线，是衡量教育优先发展成效的重要标准。教育管理者应当树立教育质量意识，把提高教育质量作为教育管理工作的核心任务。要建立健全教育质量保障体系，从教学内容、教学方法、教学评价等各个环节入手，全面提升教育质量。例如，通过加强课程建设，丰富教学内容，提高教学的科学性和实用性；通过改革教学方法，推广启发式、探究式、合作式等先进教学模式，提高教学的有效性和趣味性；通过完善教学评价，建立科学合理的评价标准和评价体系，促进教学质量的不断提升。

第三，教育管理需要加强制度建设。制度是管理的基础，科学合理的管理制度可以确保管理工作的规范化和高效化。教育管理者应当重视制度建设，通过制定和完善各项管理制度，形成系统、规范的管理体系。例如，制定科学的招生制度，确保招生的公平公正；完善教学管理制度，确保教学的有序进行；健全学生管理制度，保障学生的权益和发展；建立教师管理制度，促进教师的专业发展和职业成长。

第四，教育管理需要建立科学的管理体系。一个科学的教育管理体系，应该包括明确的目标、合理的规划和严格的执行。教育管理者应当根据国家和地方的教育发展目标，结合实际情况，制定科学的教育发展规划。规划应当涵盖教育资源的配置、教育质量的提升、教育公平的实现等各个方面，并明确具体的实施步骤和时间节点。在执行过程中，要加强监督和评估，确保各项措施落到实处。

第五，教育管理需要创新管理模式。传统的教育管理模式在信息化、全球化背景下，已经难以适应新形势的发展需要。教育管理者应当勇于创新，探索新的管理模式。例如，通过引入信息化管理手段，建立教育信息管理系统，实现教育管理的数字化和智能化；通过借鉴企业管理的经验，推行精细化管理，提高管理的效率和效果；通过引入绩效管理制度，建立科学的评价机制，激励教育工作者不断提升工作水平。

第六，教育管理需要注重人力资源的开发和管理。教师是教育事业发展的中坚力量，教师队伍的素质直接关系到教育质量的高低。教育管理者应当重视教师的培养和发展，通过加强师资培训，提高教师的专业水平和教学能力；通过改善教师的工作条件和待遇，增强教师的职业认同感和归属感。

第七，教育管理需要加强沟通与合作。教育是一项系统工程，需要各级政府、学校、家庭和社会的共同参与。教育管理者应当加强与各方的沟通与合作，形成教育发展的合力。例如，加强与家长的沟通，发挥家庭教育的作用；加强与企业和社会组织的合作，丰富教育资源；加强与其他学校的合作，促进资源共享和共同发展。

二、保障教育投入

保障教育投入是国家和社会在教育领域的财政支持和资源配置。这一投入不仅包括直接的财政资金，还涵盖各种物质和人力资源的配置。保障教育投入是教育事业发展的基石，对于实现教育公平、提高教育质量、推动社会进步具有至关重要的作用。在探讨保障教育投入时，需从多角度深入分析其重要性、现状及优化策略，以期为教育事业的长远发展提供科学依据。

（一）保障教育投入的重要性

第一，提升教育质量的必要条件。教育质量是衡量教育事业发展水平的核心指标，而保障教育投入是提升教育质量的基本前提。充足的教育投入能够改善教学设施、提升师资水平、丰富教学资源，为教育活动的顺利开展提供坚实保障。只有在充裕的投入下，学校才能购置先进的教学设备、建设现代化的实验室和图书馆，教师才能获得更多的培训机会，学生才能享受优质的教育资源。因此，教育保障投入是提升教育质量的必要条件。

第二，实现教育公平的重要手段。教育公平是社会公平的重要组成部分，是实现社会和谐的基础。例如，通过对贫困地区和薄弱学校的倾斜性投入，可以改善这些地区和学校的办学条件，提高教育质量，确保每个学生都能享有公平的受教育机会。这不仅有助于教育公平的实现，也为社会公平奠定了基础。

第三，推动经济社会发展的关键因素。教育是经济社会发展的重要推动力量。高质量的教育能够培养大批高素质人才，为经济社会发展提供智力支持和人力资源保障。充足的教育投入可以促进教育事业的健康发展，提高劳动者的素质和创新能力，推动经济结构的优化升级和社会的全面进步。特别是在知识经济时代，保障教育投入直接关系到国家的核心竞争力和未来的发展潜力。

（二）保障教育投入的优化策略

第一，加大财政投入力度。政府可以进一步加大教育财政投入力度，确保教育经费在财政预算中的优先地位，并逐步提高教育经费占国内生产总值（GDP）的比例。特别是在经济欠发达地区和教育薄弱地区，需要通过专项资金和政策扶持，缩小教育投入的地区差距，实现教育公平。同时，还应探索多元化的教育经费筹措机制，鼓励社会资本参与教育投入，形成政府主导、多元投入的教育经费保障体系。

第二，优化教育经费使用效率。提高教育经费使用效率，是实现保障教育投入最大效益的关键。政府和教育主管部门可以加强教育经费的科学管理，建立健全教育经费的监督和评价机制，确保经费使用的公开透明和高效合理。通过加强对教育经费的绩效评估，及时发现和纠正经费使用中的问题，提升教育投入的效益。此外，还需要探索创新经费的使用方式，如通过信息化手段提高经费使用的精准性和高效性。

第三，完善教育基础设施。完善教育基础设施，是提高教育质量的重要基础。政府可以加大对教育基础设施的投入，重点加强农村和贫困地区学校的建设和改造，改善这些地区的办学条件。通过推进信息化教育基础设施建设，促进教育资源的共享和利用，实现教育资源的均衡配置。此外，还应注重环境友好和可持续发展的教育基础设施建设，确保教育发展的长期性和可持续性。

第四，加强教师队伍建设。教师是教育事业发展的核心力量。优化教育投入，需要注重教师队伍的建设和发展。政府可以进一步提高教师的工资待遇和社会地位，增强教师职业吸引力，吸引更多优秀人才投身教育事业。通过加强教师培训和职业发展支持，提高教师的专业水平和教学能力，确保教育质量的提升。同时，还应关注教师的工作环境和心理健康，减轻教师的工作压力，提升教师的职业幸福感。

第五，推动教育公平。实现教育公平，是保障教育投入的重要目标。政府可以通过优化教育资源配置，确保教育资源的公平分配，缩小城乡、区域和校际间的教育差距。通过设立专项基金和实施倾斜政策，支持农村和贫困地区的教育发展，提高这些地区的教育质量。

第二节　教育管理体制改革的深入

教育管理体制改革作为推进教育现代化的重要举措，是关系到教育发展方向和质量的根本性问题。随着社会的快速发展和教育需求的多样化，传统的教育管理体制已难以适应新形势下的教育改革与发展要求。因此，深化教育管理体制改革，建立更加科学、高效、公平的教育管理体制，已成为推动教育事业持续健康发展的必然选择。

教育管理体制改革是指对现行教育管理体制进行全面的设计与调整，旨在打破传统体制中的束缚和障碍，创新和完善教育管理机制，优化资源配置，提升管理效能和服务水平。深化教育管理体制改革的路径主要包括以下方面。

一、完善政策法规体系

在教育管理体制改革的深入推进过程中，完善政策法规体系是确保改革顺利实施的重要前提。具体措施包括以下两个方面：

第一，制定和完善相关政策法规。加快修订和完善与教育管理体制改革相关的法律法规，是确保改革有法可依、依法推进的关键。当前，教育管理体制的改革涉及教育资源配置、教育公平、教育质量提升等多个方面，需要从立法层面提供明确的指导和保障。例如，可以通过修订与教育、教师有关的法规，明确各级教育行政部门和学校的职责权限，规范教育管理行为。同时，还需要制定和完善与教育治理现代化相关的配套法规，涉及教育财政投入、教师待遇保障、学校办学自主权等具体问题，从而形成系统化、科学化的法律法规体系，为教育管理体制改革提供坚实的法律支撑。

第二，建立健全监督与评价机制。在政策法规体系完善的基础上，监督与评价机制的健全是确保改革措施落地生根、取得实效的重要保障。具体而言，应加强对教育管理体制改革的监督和评估，建立健全教育督导和评价体系。教育督导机构应独立于教育行政部门，对教育管理体制改革的实施情况进行定期检查和评估，发现问题及时纠正，确保改革方向不偏离。此外，还应建立健全激励机制，对改革创新成果给予表彰和奖励，激发各级教育部门和学校的改革动力。例如，可以设立教育管理体制改革创新奖，对在改革中表现突出的单位和个人给予奖励，形成全社会支持和参与改革的良好氛围。

二、创新教育管理体制与机制

创新管理体制与机制是推动教育管理体制改革深入的重要抓手。具体措施包括以下两个方面。

第一，推行地方教育管理体制改革试点。选择具有改革意愿和条件的地区，开展教育管理体制改革试点，是积累改革经验、探索创新模式的重要途径。在试点过程中，可以鼓励地方根据实际情况进行大胆探索，创新地方教育行政管理体制。例如，可以在一些经济发达地区探索教育财政投入模式的改革，优化教育资源配置，提高教育经费使用效率；在一些教育资源相对匮乏的地区，探索教育扶贫、教育均衡发展的新路径，确保教育公平。此外，试点地区还可以尝试推进教育治理结构的优化，如推进教育行政部门职能转变，减少行政审批环节，提高教育行政管理的服务效能。通过试点积累经验，为全面推进教育管理体制改革提供实践样本和经验借鉴。

第二，优化教育行政管理机构。改革和优化教育行政管理机构设置，是提高教育管理效率、降低管理成本的重要举措。当前，教育行政管理层级较多、审批环节烦琐，导致管理效率低下、成本高昂。因此，应对教育行政管理机构进行优化，减少层级和审批环节，简化管理程序。例如，可以在中央和地方教育行政部门之间建立高效的信息共享机制，减少重复审批，提高决策效率。同时，还应推动教育行政管理部门职能的转变，增强其服务意识，提升其服务能力和水平。教育行政部门应从过去的"管理者"角色转变为"服务者"，通过提供高效、优质的服务，支持和引导各级各类学校自主办学，提高教育质量。

三、推动教育与社会发展相协调

教育管理体制改革不仅是教育领域的内部事务，更是关系到经济社会发展全局的重要内容。具体措施包括以下两个方面。

第一，加强教育与经济社会发展的对接。深化教育管理体制改革，促进教育与经济社会发展的紧密对接，是推动教育与社会协调发展的重要途径。首先，应根据产业结构调整和社会发展需求，优化教育结构和布局，培养适应市场需求的各类人才。例如，可以根据地方经济发展的实际情况，调整职业教育和高等教育的专业设置，推动产教融合、校企合作，提高人才培养的针对性和实效性。其次，还应加强对新兴产业、重点领域的人才培养支持，推动高校和科研机构加强科技创新和成果转化，为经济社会发展提供智力支持和技术支撑。

第二，增强教育服务社会的能力。强化教育管理体制改革，提高教育服务社会的能力，是满足社会多样化需求的重要手段。一方面，应加强职业教育和继续教育，提升劳动者的素质和技能，满足社会发展的多样化需求。例如，可以通过推进校企合作、建立职业培训基地等方式，提高职业教育的实用性和就业导向性，帮助劳动者提升职业技能，适应市场需求。另一方面，还应推动学校和科研机构加强科技创新和成果转化，服务地方经济社会发展。学校和科研机构应积极参与地方经济社会发展规划，通过产学研合作、技术转让等方式，将科研成果转化为实际生产力，为地方经济发展提供技术支撑和智力支持。同时，还可以通过建立智库、提供政策咨询等方式，为政府决策提供科学依据，推动经济社会协调发展。

第三节　分层次教学管理的创新探究

一、分层次教学管理的认知

分层次教育管理是对教育领域客观存在的分层次现象加以分析研究，并实施优化的管理方式，使客体得到更有效发展的一种管理行为。

（一）分层次教学管理的依据

第一，基于差异性。"学群"内部存在明显的差异性，"一刀切"的管理方式必然阻碍各层次的发展。科学管理强调根据事物内部特点制定管理方法，学群内部的差异性为分层次教育管理提供了现实依据。这种差异性要求管理策略必须因材施教，以适应各层次的不同需求。

第二，遵循需求性。分层次教学管理面向"学群"内的所有个体，使全体成员都能得到充分发展，这不仅是教育工作者和管理者的职责，也是政府和社会的期望，更是"学群"内各个群体和谐发展的内在需求。管理策略应根据不同层次的需求进行调整，以确保各层次个体得到最大化的发展机会。

第三，呈现动态性。分层次教育管理的主体与客体始终处于动态变化中。通过分层次管理，个体进入新的发展阶段，管理主体也需调整计划和措施，适应新的发展需求。在这种动态平衡中，管理效益得以不断优化，实现教育管理的良性循环。

第四，着眼于提高。分层次教育管理的目标在于采用适应性的管理策略，调动各层次人员或组织的积极性，激励他们不断进步，形成竞争与合作并存的良好氛围。这种管理模式不仅能促进个体的发展，也能推动整体教育质量的提升。

（二）分层次教学管理的形态

第一，分层累积递进型。分层累积递进型这一管理形态主要适用于需要循序渐进发展的学群。基础知识的积累、能力的培养都遵循从低到高、从单一到综合、从简单到复杂的过程。分层累积递进型管理强调逐层递进，适用于学科知识群的管理。由于分段和分层都属于纵向划分，其动态模型也具有同质性，体现了知识和能力发展的连续性和累积性。

第二，各层次同步上升型。对于起点不同、管理方法和目标各异的学群，分层次管理能使各层次同步提高。例如，对特色班和普通班的分层管理，通过适应不同层次的需求，使各层次都能在原有基础上得到提升。各层次同步上升型管理强调在差异中实现同步发展，以促进整体教育水平的提高。

第三，某层次凸显上升型。某层次凸显上升型这种管理形态常见于导引式分层次管理的学群。例如，对特长生的分层管理，既需要明确目标导向，也需进行有针对性的分层管理，以促进特定层次的发展。在实际操作中，管理者需要不断调整分层次管理的目标和手段，确保各层次之间的协调与和谐发展。

第四，分类发展型。分类发展型管理形态常见于对不同类别学校的管理。通过分类制定管理目标和评价标准，促使各类别在不同层次上得到相应的发展。在不平衡的发展过程中，分类发展型管理通过分类目标和策略的实施，实现整体平衡发展的效果。这种管理形态强调根据不同类别的特点制定相应的管理策略，以达到各类别共同进步的目的。

（三）分层次教学管理的作用

第一，目标导向作用。分层次教学管理的核心在于设定与个体能力相匹配的目标，这些目标具有明确的针对性和指导性。学生为了实现自己所在层次的目标，需要积极思考、创造性地采取行动，并可以借鉴同层次其他同学的成功经验，以此来推动自己目标的实现，这种目标导向激发了学生内在的积极性，将他们的期望转化为实际行动的动力，使得个人的思想与行动达到了高度一致，形成了一种动力的聚合，极大地促进了目标的实现。

第二，动力激发作用。分层次教学管理的激励功能体现在激发学生追求目标的内在愿望上，它包含了激发内在动机、促进行为表现和形成推动力的要素。通过明确的目标设定，学生能够持续地对照自己的行为与目标之间的差距，这种对照过程能够不断增强他们的动力，激发他们继续向目标努力的积极性。当学生在一个层次上取得成功后，他们便有了向更高目标挑战的信心和动力，这有助于挖掘他们潜在的发展能力。在整个教学管理过程中，激励通常通过设定阶段性目标和进行多次评价来实现，每一次的正面评价都是对学生努力的肯定，能够积累正能量，激励他们追求更高的目标。

第三，行为调控作用。分层次教学管理中的评价环节是对目标实施效果的检验，也是对行为进行有目的调控的过程。当评价结果显示学生的行为与既定目标出现偏差时，需要教师和学生共同分析原因，找出问题所在。如果是教师方面的问题，需要检查教学方法是否适宜、目标设定是否科学、评价工具是否合理、教学过程是否得当。如果是学生方面的问题，则需要关注他们的态度、方法、时间管理以及对目标的认同和理解。通过及时发现问题并采取相应措施，如调整教学策略、提供额外辅导等，可以充分发挥分层次教学管理的调控功能，确保教学目标的顺利实现和教学行为的有效执行，引导学生的行为和目标沿着正确的轨迹发展。

二、分层次教学管理的创新策略

（一）进行科学的学生分层

学生分层是分层次教学管理的核心。为了实现科学合理的分层，需要综合考虑多个评价标准，如学业成绩、学习能力、兴趣爱好和心理发展等。分层的实施可以通过以下方法：①学前评估。通过学前测试，了解学生的基本学业水平和学习能力。②学期中评估。结合教师的日常观察和学生自评，动态调整学生的分层状态。③学年末评估。综合评估学生的学习进步和变化，及时调整分层策略。

（二）注重精细化的教学实施

在分层次教学中，教学实施应根据不同层次学生的特点进行精细化设计。具体策略包括：①基础层次。重点在于夯实基础知识、培养基本学习技能和提升学习兴趣。②中等层次。在巩固基础知识的基础上，适当增加难度，培养综合运用知识的能力。③高层次。通过拔高教学内容、开展研究性学习和创新性实践，挖掘学生的潜力，促进全面发展。

另外，教学实施可以通过以下方式进行：①差异化教学。在同一课堂上提供不同难度的学习材料和任务，满足不同层次学生的学习需求。②小组合作学习。将不同层次的学生分成学习小组，通过互助合作，促进共同进步。③个别辅导。针对某些学习困难的学生，提供一对一的专门指导，帮助其克服学习障碍。

第四节　数字化教育管理的路径创新

"高校管理工作，具体而言，是指通过构建完善的管理制度，利用管理组织协调管理校内的人员和事务，并开展一系列管理活动，由此对高校教育资源进行优化，以最大限度地实现教育管理目标。"[1] 基于此，优化高校教育管理工作，能全面提升高校的实力水平，并对学校的全面发展发挥积极的促进作用。新媒体时代的到来，不仅使学生获取信息的渠道范围进一步拓展，还使学生的选择空间更加广泛，并因此丰富了学生的学习和生活。而对于高校教育管理工作而言，新媒体给其带来了重大的发展契机，新媒体时代数字化教育管理工作途径主要包括以下方面。

---

[1] 王耀章.新媒体时代高校数字化教育管理研究[J].中国报业，2022（4）：120.

一、构建教学管理资源共享平台，实现优质教育资源共享

当前，数字化教学管理平台和数据库已成为信息汇聚的宝库，它们不仅存储着大量的教育信息，而且拓宽了教育资源的获取途径。面对如何高效地获取和分发这些资源的挑战，高校教育管理者需采取以下措施。

第一，高校应积极采用多元化的资源共享平台。为了解决教育资源的获取与传递问题，管理者需遵循开放共享的理念，将这些平台作为信息交流的核心渠道，加强教学管理中的主体与客体之间的互动。通过投资购买或订阅教育资源库，以及开放校园网络资源，高校可以有效地将新媒体技术融入师生的日常教学、研究和生活中。这不仅有助于共建和共享教育资源，还能激发师生参与资源建设的热情，推动资源的持续创新和开发。通过这些平台，可以推广开放课程资源，构建综合的课程网络体系，形成丰富的资源库。

第二，高校需要持续维护和优化教学管理共享平台。通过教育管理系统，管理者可以深入理解师生间的教学互动模式，并对教学流程进行全面的监督和管理，从而建立起一套支持教学创新的机制。此外，通过建立跨部门的共享平台，可以加强不同管理部门之间的协调与合作，提升组织的运行效率，并加速教育管理组织的扁平化发展。同时，高校还应利用数据共享平台，对收集到的教育数据进行共享和深入分析，为教育决策提供数据支撑，从而不断提高教育管理的科学性和有效性。

通过上述措施，高校可以构建一个开放、互动、高效的教学管理共享平台，这不仅能够促进优质教育资源的广泛传播和利用，还能为教育管理的持续改进和创新提供坚实的基础。

二、培养、引进专业教育管理人才，提高教育管理创新水平

在数字化教育中，教育管理人才必须掌握与时代同步的管理技能。一个出色的教育管理者需要深刻理解数字化时代的发展趋势，并且能够巧妙地运用先进的数字化信息工具来解决教育管理中的复杂问题。因此，高校需要在人才培养上投

入更多的精力，不仅要系统地培养教育管理人才，还要通过战略性的人才引进计划，将优秀的教育管理专家纳入团队。这不仅能够提升教育管理的专业水平，还能够通过创新思维和方法，有效解决教育管理人才短缺的问题，进而推动教育管理向更高层次发展。

三、利用多媒体数字技术，完善教育管理的评价体系

随着新媒体时代的到来，高校教育管理评价体系亟须更新与完善。高校应当秉持人本理念，建立一个全面、公正、透明的评价体系，确保评价标准既科学又合理，以适应数字化时代的发展需求。通过数字化技术的加持，教育管理评价可以更加多元化和具有社会参与度，评价主体不再局限于单一群体，而是扩展到更广泛的利益相关者。评价内容也应更加丰富和具有针对性，以确保其能够真实反映教育管理的质量和效果。

教育管理评价体系的完善对于满足学生需求、激发学生个性化发展具有至关重要的作用。高校教育管理者需要提升自身的数字化素养，深入研究教育管理的基础理论，并熟练掌握数字技术的应用。通过不断学习和实践，教育管理者可以在教育管理评价中有效地运用数字技术，为学生创造一个更加开放和个性化的学习环境，同时也为教育管理的持续改进提供有力的数据支持和决策依据。

第六章 数智时代的教育管理治理与实践创新

第一节 教育管理信息化的创新策略

一、注重自媒体平台与学生管理创新

(一)加强网络安全知识的传播思维创新

第一,引导高校自媒体发挥在正面网络舆情发布中的积极作用。"网络舆情范围广泛,传播速度快,功能强大,容易引发学生群体性事件,容易使得学校形象受到影响。"① 高校网络舆情在自媒体时代里,传播力和影响力不容忽视。几乎每所高校都在自媒体上有自己的公众平台,学生管理工作者应合理地规划和适度地控制微信公众平台,利用舆论引导正能量消息的传播,积极与学生进行互动,并开展各种有组织的、创造性的主题活动,牢牢把握主动权。校园自媒体平台,将成为新的进行思想教育管理思维创新的手段和工具,其对高校自媒体在网络舆情发布中发挥正面积极的作用有着重大意义。

第二,构建多级联动合作机制,实现学生事务的全面覆盖与高效执行。通过组建专业的媒体团队,可以显著提升学校在教育传播和学生管理工作中的创新思维能力。具体而言,管理者需深入理解学生的行为习惯、兴趣爱好,并据此策划和实施各类教育项目,如校园文化活动、心理健康辅导、职业规划与创业教育等,

---

① 胡凌霞.高校教育管理理念与思维创新 [M].长春:吉林大学出版社,2020:139.

以信息管理为手段，确保教育内容的针对性和吸引力。另外，学生会、学生社团等组织应充分利用自媒体平台等新媒体工具，积极传播正面的信仰、态度和情感，与学生建立紧密且广泛的联系。通过这些平台，学校可加强与学生的互动交流，提升合作性，从而在自媒体领域形成强大的影响力。同时，宣传部门、教学部门和后勤部门等关键职能部门，应成为高校网络舆情管理的主力军。这些部门不仅要参与网络舆论的监控和引导，更应成为舆论工作的先锋。在基于自媒体平台的学生管理工作中，要特别注重信息的甄别和筛选，确保发布的信息准确、可靠，避免学生被误导。通过部门间的协同联动，形成有效的信息管理和舆论引导机制，为学生管理工作提供强有力的支持。

（二）增强自媒体平台的运营管理思维创新

第一，高校需要对自媒体平台进行精准定位，构建一个以服务为核心的平台。这意味着高校应该将思想道德教育、心理辅导等作为平台的主要功能，同时利用新闻和信息传播来构建一个综合性的服务工作平台。管理者可以通过设置不同类型和功能的子账号，如学校团委、教务处等，与主账号形成联动，实现信息的有效传递和资源共享。此外，高校还应关注学生的需求，及时收集反馈，不断优化服务内容和推送方式，以实现更高效的学生管理。

第二，高校自媒体平台应丰富议题内容，提升网络教育的特色。目前，许多高校的自媒体平台主要用于发布校园消息和通知，这种单一的功能并不足以满足学生管理思维创新的需求。因此，高校需要从学生的角度出发，采用更加亲和、幽默和生动的语言，吸引学生的注意力。同时，可以设置与学生生活密切相关的栏目，如学习、就业、创业等，通过原创内容和有趣的形式，打破传统媒体的刻板印象，提高学生的参与度和满意度。

第三，高校应提高自媒体平台的后台技术性和功能性，开发多样化的推送形式。技术是实现创新的关键，而目前许多高校的技术运营团队力量相对薄弱。因此，管理者需要加强技术培训，引进相关专业人才，提升网络传播管理队伍的专业水平。同时，高校应深入了解大学生的个性和兴趣，通过互动沟通，开发符合学生需求的推送形式，保持平台的新鲜感和认可度，从而更好地服务于学生管理工作。

（三）推进自媒体平台的后台管理机制

随着自媒体的蓬勃发展，教育领域也开始积极探索利用这一新兴平台进行教育宣传和学生管理。自媒体平台已成为高校传播文化、展示特色的重要渠道。通过创新自媒体平台的后台管理机制，高校可以更有效地利用这一平台进行文化传播、学生管理和信息服务。这不仅能够提升学生的满意度和参与度，也能够加强学校与学生之间的联系，为高校的长远发展奠定坚实的基础。

第一，自媒体平台的后台管理应实现数据的实时监控与分析。管理者可以利用平台的统计功能，在任意时间查看用户数量、用户属性，以及关注人数的增减情况。通过对阅读量和转发量的深入分析，管理者可以更全面地了解用户行为和偏好，从而制定更有效的内容推送策略。

第二，高校自媒体平台应成为大学文化和特色的传播者。平台的每日推送内容不仅要体现学校的形象，更要展示学校的内涵。通过与教学管理系统的直接连接，学生可以在自媒体平台上方便地查询课程成绩、选修课等信息，这不仅提高了学生的使用体验，也加强了学校与学生之间的互动。

第三，高校应加强对自媒体平台内容推送的监管工作。在党委宣传部的领导下，学校应整合线上线下资源，提供有力的后台支持，确保推送内容的质量和安全。同时，自媒体平台应推送多样化的信息，包括校园新闻、原创文章、图文并茂的消息等，以满足不同学生的需求。

需要注意的是，目前自媒体平台对学生用户的吸引力正在逐渐减弱，主要原因在于内容推送形式的单一性和重复性。为了解决这一问题，自媒体平台应积极开发新功能，如互动问答、在线调查、视频直播等，以提高学生的参与度和兴趣。

二、强调新媒体网络舆情机制与学校管理创新

（一）新媒体网络舆情机制与学校管理的创新原则

新媒体时代，网络舆情已成为高校管理中的一项重要议题。如何在瞬息万变

的信息环境中有效应对网络舆情，已成为高校管理者必须面对的挑战。下面从信息公开、真诚沟通、快速反应、把好导向以及形象建设与危机处理并重五个方面，探讨新媒体网络舆情机制对高校管理创新的促进作用。

1. 用事实说话，信息公开原则

在信息时代，透明度成为公共管理的重要原则之一。对于高校管理而言，信息公开不仅是提升管理透明度的必要手段，更是应对网络舆情的重要策略。高校应当加强信息公开工作，通过官方网站、社交媒体平台等多种渠道，及时发布权威信息。

（1）高校应建立高效的信息发布机制。在网络舆情初现端倪时，第一时间发布官方信息，澄清事实，避免谣言扩散。例如，当某高校出现食品安全问题时，应立即通过校内外渠道发布调查结果，消除学生和家长的疑虑。

（2）信息公开应注重信息的全面性和准确性。高校管理者应充分尊重网民的知情权，不隐瞒、不误导，将真实情况及时、全面地呈现给公众。例如，某高校在处理学生伤害事件时，应详细说明事件经过、处理措施及后续改进计划，以赢得公众信任。

（3）信息公开还应注重互动性。高校可以通过定期举办新闻发布会、开设校长信箱等形式，与网民进行双向沟通，解答公众关切的问题，形成良好的互动氛围。例如，某高校在处理学术造假事件时，可以通过新闻发布会的形式，向社会通报处理结果，并回答记者提问，以公开透明的态度赢得社会的理解和支持。

2. 真诚沟通，以人为本原则

网络舆情的本质是公众意见的集中反映，因此，真诚沟通、以人为本是高校应对网络舆情的重要原则。在网络舆情应对中，高校应尊重网民的知情权和监督权，注重人文关怀，体现高校管理的温度。

（1）高校应重视网络舆情反映的内容，及时采取措施解决问题。例如，当某高校的宿舍环境被学生在社交媒体上曝光时，学校应立即组织相关部门进行调查整改，并向学生公布整改结果，以诚挚的态度回应学生关切。

（2）高校在处理网络舆情时，应以师生的利益和高校的形象为决策依据。决策过程中应充分考虑师生的合理诉求，尊重他们的意见。例如，某高校在处理教学资源分配不均的问题时，通过师生座谈会、问卷调查等形式，听取了广大师生的意见和建议，并据此进行了合理调整。

（3）高校应积极争取社会支持，共同应对网络舆情带来的负面影响。高校可以通过与媒体合作，发布正面报道，提升高校形象；也可以通过与政府、企业等外部机构的合作，获得更多资源和支持。例如，某高校在处理突发事件时，通过与当地政府部门合作，迅速组织救援工作，展现了高校和社会各界共同应对危机的良好形象。

3. 统筹协调，快速反应原则

在网络舆情出现时，迅速的应对措施是防止事态扩大、减少负面影响的关键。高校应建立高效的舆情应对机制，明确责任主体，确保快速反应。

（1）高校应设立专门的舆情管理部门，负责监测、分析和应对网络舆情。舆情管理部门应配备专业人员，使用先进的舆情监测工具，实时掌握舆情动态。

（2）高校应建立舆情应对的快速反应机制，明确各部门的职责和分工。在舆情暴发时，相关部门应迅速协作，制定应对方案，并及时向公众通报。例如，某高校在处理一起食堂食品安全问题时，通过快速反应机制，及时组织食堂管理部门进行自查，并向学生发布了整改报告，赢得了学生的信任。

（3）高校应注重舆情应对的科学化和专业化。例如，高校在处理一起涉及教师行为不端的舆情时，通过科学的舆情应对流程，迅速开展调查，公布处理结果，确保了事件处理的公正和透明。

4. 把好导向，维护校园稳定原则

在处理网络舆情时，高校应注重把好舆论导向，维护校园的和谐稳定。教育主管部门和高校管理者应客观分析网民关心的热点问题，及时发现和回应不实信息，掌握网络舆情的主导权。

（1）高校应通过权威渠道发布准确信息，回应公众关切。高校管理者应主动出击，通过官方网站、官方微博、微信公众号等渠道，及时发布权威信息，澄清事实。例如，某高校在处理一起涉及招生的不实传言时，通过官方微博发布了招生政策的详细说明，澄清了误会。

（2）高校应注重网络舆情的引导，释放正能量。高校可以通过组织正面报道、举办校园开放日等活动，展示校园的积极形象，提升公众对高校的信任。例如，某高校在处理一起涉及校园环境的问题时，通过组织媒体参观校园、发布正面报道，展示了学校在改善环境方面的努力，赢得了公众的认可。

（3）高校应加强与媒体的合作，共同维护校园的和谐稳定。高校可以通过与媒体的良性互动，及时回应公众关切，防止不实信息的传播。例如，某高校在处理一起涉及学生权益的舆情时，通过与媒体的合作，发布了权威信息，消除了公众的疑虑。

（二）新媒体网络舆情机制与学校管理的创新内容

在新媒体时代，网络舆情不仅是高校管理所面临的挑战，更是推动管理创新的重要动力。高校应充分利用网络舆情机制，提升管理水平，促进管理创新。下面从现实管理、多方联动、舆情监测技术等方面，探讨新媒体网络舆情机制对高校管理创新的具体内容。

1. 现实管理与舆情应对的结合

高校网络舆情管理应着眼于现实管理，将网络舆情管理与现实管理相结合，形成线上线下联动的管理模式。高校应通过对网络舆情的监测和分析，发现管理中的问题，及时采取措施，进行整改和改进。首先，高校应注重网络舆情的分析与预警，及时发现管理中的问题。例如，通过舆情监测发现学生对宿舍管理不满，随即组织相关部门进行调查，发现确实存在管理漏洞。学校通过整改措施，提升了宿舍管理水平，缓解了学生的不满情绪。其次，高校应将网络舆情的应对与现实管理相结合，形成闭环管理机制。在网络舆情暴发时，高校应迅速采取措施，解决实际问题，并通过网络平台向公众通报处理结果。例如，某高校在处理一起涉及食堂卫生的舆情时，通过迅速整改食堂卫生问题，并在网络平台上公布整改结果，赢得了学生的信任。最后，高校应注重网络舆情的长效管理，将网络舆情管理纳入日常管理工作中。高校可以通过定期发布舆情分析报告、建立舆情应对档案等形式，进行长期的舆情管理。例如，某高校通过定期发布舆情分析报告，总结舆情应对经验，提升了管理水平。

2. 多方联动与舆情问题的解决

高校网络舆情管理不仅是高校内部的问题，更需要其与教育主管部门、社会各界的协同合作。高校应通过多方联动，形成合力，共同解决网络舆情问题。首先，高校应加强与教育主管部门的合作，共同提升舆情应对能力。教育主管部门应对高校进行舆情管理的指导和支持，提供舆情监测技术和资源。例如，高校在处理一起涉及科研诚信的舆情时，通过与教育主管部门的合作，迅速进行了调查处理，并公布了处理结果，提升了高校和教育主管部门的公信力。其次，高校应加强与媒体的合作，利用媒体的力量进行正面引导。高校可以通过与媒体的良性互动，发布正面报道，提升高校形象。最后，高校应加强与社会各界的合作，共同解决舆情问题。高校可以通过与政府、企业、社区等外部机构的合作，获得更多资源和支持，共同应对舆情带来的挑战。

3. 舆情监测技术与管理创新

网络舆情监测技术是提升高校舆情管理水平的重要手段。目前，国内网络舆情监测技术已有了快速的发展，高校应充分利用先进的舆情监测技术，提升舆情管理的技术化水平。首先，高校应引入先进的舆情监测工具，实时掌握舆情动态。例如，中国人民大学、复旦大学、上海交通大学、清华大学、北京大学等高校已经建立了舆情研究所，利用先进的舆情监测工具，进行实时的舆情监测和分析。例如，复旦大学的CATI调查系统、北京大学的EPR网络舆情应对平台等网络舆情监测和管理平台的设立，有助于提升高校网络舆情管理的技术化水平。其次，高校应建立规范的舆情应对流程，提升舆情应对的科学化和专业化水平。最后，高校应加强舆情管理队伍的建设，提升舆情管理的专业化水平。高校应配备专业的舆情管理人员，进行专业培训，提高舆情管理的能力和水平。例如，通过组织舆情管理培训班，提升舆情管理人员的专业素养和实战能力，增强高校的舆情应对能力。

第二节　教育管理的文化创新与实践

一、教育管理文化创新的必要性

第一，通过推动教育管理文化的创新与改革，可以显著提升高校的综合实力，这一过程不仅能够增强高校的核心竞争力，还有助于塑造高校的品牌形象与办学特色，提升其在学术界的声誉和影响力。此外，创新的管理文化有助于促进科研成果的转化应用，进一步提升高校的学术影响力和国际竞争力，为国家和社会培养更多高素质人才，为社会主义现代化建设提供智力支持和人才保障。

第二，教育管理文化的创新与改革能够更好地适应社会需求和发展趋势，这种创新不仅能够推动高校管理模式、课程设置等方面的革新，使教育更贴近社会需求，还能引入现代化的管理理念和方法，建立高效透明的管理体系。通过这些改革，高校能够更灵活应对社会变革，提供更优质的教育服务，促进学生综合素质的全面提升。

第三，教育管理文化的创新与改革有助于打破传统教育的局限性，创造更加开放、自由和多元的教育环境，这种改革能够为学生提供更广阔的发展空间和机会，培养其创新精神和实践能力，激发其独立思考和主动学习的能力。通过这些变革，高校不仅能够满足国家和社会对高素质人才的需求，还能为社会发展提供更多的智力支持，推动社会的进步。

第四，教育管理文化的创新与改革还可以促进高校与国际接轨。通过引进先进的教育理念、技术和资源，高校能够提升自身教学水平和科研能力，培养具有国际视野和跨文化交流能力的人才，增强其在国际上的声誉和影响力。这种国际化的改革有助于吸引更多的国际化人才和资源，进一步推动高校的全面发展。

二、教育管理文化创新的实践策略

（一）加强文化交流与沟通

在教育管理文化创新中，高校各个管理层次可以定期召开座谈会、交流会等活动，建立跨学科、跨部门的合作机制，以增强相互之间的理解和认同。此举不仅有助于避免出现教师思想僵化的情况，还能够促进教师和学生在学术研究和教学实践中尝试新的思路和方法，从而使师生更好地适应多元文化环境。

高校应持续推进现代化管理理念，运用信息化技术、数据分析等手段提升管理效率和水平，增强高校的竞争力和适应能力。同时，加强管理人员的培训与学习，提升其管理素质和创新能力，建立科学、公正的管理评估体系，对各管理层次进行有效考核和评估，以确保管理政策和措施的有效实施。

在文化建设方面，高校应注重弘扬中华优秀传统文化和现代文明精神，提升教师和学生的文化素质和认同感，促进文化融合与创新。同时，重视保护和传承各学科领域的独特文化，确保学科发展的多元性和独特性，为高校教育管理的文化创新注入持久动力与活力。

（二）建立有效的沟通机制

在推进高校教育管理文化创新的过程中，建立有效的沟通机制至关重要，特别是解决不同利益方、学科领域和管理层次之间的矛盾和冲突。高校可以通过多种沟通渠道实现这一目标，如召开会议、开展讨论和设立工作组等。这些举措有助于促进各方之间的交流，增进对文化创新的共识与支持。

在宣传和推广文化创新方面，高校需要加强工作，提升各方对文化创新的理解与认同，并争取他们的积极参与与支持。此外，以学生为本的理念应成为高校教育管理的核心，从而在管理层次之间建立起更加稳固的信任基础，共同推动文化创新的实践。

为促进不同学科领域之间的交叉融合，高校还需打破学科壁垒，提升各学科之间的相互理解和尊重，从而缓解潜在的矛盾与冲突。此外，学校还应加强管理能力建设，提升各管理层次之间的专业素养和管理能力，这是推进文化创新不可或缺的保障与支持。

（三）加强学术道德的建设

在高校教育管理的文化创新中，学术腐败是一个严峻的挑战，需要通过多维度的方法来解决。首先，建立健全的教育管理体制和监管机制至关重要，学校应以科学、严格的管理规定约束教育管理人员的行为，提升其管理水平与效能。其次，加强师生的诚信教育，增强他们的道德意识和法律意识，倡导诚实守信的学术风气，有效预防学术不端行为的发生。在学术道德建设方面，高校应加强学术诚信意识的普及与规范，建立学术道德教育和评价机制，确立学术不端行为的惩戒措施，维护学术界的诚信与公信力。

（四）积极营造创新的氛围

为推动高校教育管理文化的创新，建立创新的氛围至关重要。首先，通过教育培训和信息化技术的应用，提升教育管理者和教师的专业能力与创新意识，激发他们接受新的教育理念和管理模式。其次，建立激励机制，奖励那些在教育管理中表现优异、具有创新精神的个体，促进他们在实践中不断探索与创新。通过示范校和示范教师的设立，高校能够有效地推广新的教育理念和管理模式，扩大创新的影响力。最后，跨学科合作是促进教育管理理念和模式创新的重要手段，可以打破学科间的壁垒，推动教育管理的跨界融合与创新。最后，加强社会参与，吸纳社会各界力量参与教育管理的创新与改革，共同推动高校教育管理文化的发展与进步。

第三节　大数据下教育管理的创新发展

"大数据时代背景下，信息技术为高校教育管理工作带来了全新的思路，高校作为人才培养、技术研发的主要阵地，其在教育管理实践中科学运用大数据技术，既可以对原有教育管理模式进行予优化，同时还可以有效提升高校教育管理水平，为高校教育管理工作高效、高质量发展提供助力。大数据技术在高校教育管理工作中的运用也与高校教育管理工作的未来发展趋势相契合。"[①]

一、大数据对教育管理创新发展的影响

（一）大数据有利于创新教育管理思维观念

创新教育管理思维观念的推广与应用在当今高校管理中占据重要地位，尤其是大数据技术的有效运用，对教育管理者的思维方式和决策模式产生了深远影响。高校教育管理人员通过网络渠道获取行业和社会发展对人才需求的数据，利用先进的数据分析技术，能够快速了解当前学生在学习和教师在教学中的各种障碍因素，从而及时采取有效措施解决问题，提升教育质量和效果。

大数据技术的引入显著优化了传统教育管理工作模式。曾经耗时烦琐且效率不高的管理任务得以彻底改进。通过全面分析学生的需求和表现数据，管理者能够更加精准地制定教学和学习支持策略，真正实现以学生为中心的管理理念。这种转变不仅提升了教育管理的效率和质量，还促进了个性化教学和学生关注度的提升，使得管理者能够更有效地应对复杂和多变的教育环境挑战。

在教育管理的新思维观念中，大数据技术扮演了关键角色。它不仅仅是一个技术工具，更是推动教育决策智能化、科学化的重要驱动力。通过收集、分析和挖掘大量的教育数据，管理者可以深入了解学生的学习习惯、行为模式和学术表现，为个性化学习提供坚实的数据支持。例如，基于学生学习数据的预测分析，管理者能够针对不同学生群体制定量身定制的教学方案，提高教学的针对性和效率。此外，大数据技术的应用还促进了教育管理决策的科学化和精准化。管理者可以依据大数据分析的结果，及时调整教育资源配置，优化师资配备，提升教育服务的质量和效果。例如，利用大数据分析学生的学术成绩和兴趣爱好，学校可以精准预测课程选修情况，合理安排教学资源，最大化提高学生的学习成效和满

[①]　张跃.大数据视域下高校教育管理创新发展研究[J].绥化学院学报，2024，44（3）：124.

意度。

在推动教育管理思维观念创新的同时，教育管理者也面临着技术应用、数据隐私、伦理规范等方面的挑战和限制。因此，应对这些挑战需要教育管理者具备广泛的跨学科知识和高度的责任心，确保大数据技术的应用在合规和伦理框架内推动教育管理的现代化和进步。

（二）大数据能够深化学校智慧校园建设

大数据时代，信息具有高度共享性。在充满各类信息的网络环境下，青少年群体在接收各类信息时存在盲目性，无法鉴别信息中的真伪，容易受到不良信息的误导，这将对学生的整体发展产生不良影响。因此，高校有责任有义务通过健康教育管理工作向学生提供更加良好的学习环境以及教学服务。大数据技术在教育管理工作中的有效运用，既为高校教育工作者与学生之间的互联互通搭建了桥梁，也为智慧校园的建设提供助力。一方面，高校借助大数据技术有效抓取学生的学习需求以及活动需求，并根据数据分析结果，对当前校园内部的资源进行有效调节，提高教育载体的互动性。这种互动不受时空限制，实现了线上线下、校内校外、现实与虚拟的跨越，使教育管理范围不断延伸、覆盖面得以扩展，形成教育管理一体化育人格局。另一方面，高校借助大数据技术对学生当前的学习状况进行分析，找到学生学习差异化的原因，并根据学生的个人情况制定个性化的教学管理方案，使得当前教育管理工作与学生的学习需求之间具有较高的契合性。

（三）大数据可以提升教育管理的决策质量

智能设备的普及为大数据统计功能的应用奠定了基础。学生、教师以及高校其他工作人员在使用智能设备时产生的海量数据信息，为教育管理提供了丰富的数据资源。大数据技术以其强大的数据收集、处理和分析能力，对教育管理工作的决策质量提出了全新的挑战，也带来了一定的机遇。

第一，大数据技术有效提高了信息系统对信息总量的支撑能力，避免了由于信息量庞大而可能引发的分析误差或决策错误。教育管理者可以通过由智能设备收集的数据，如学籍信息、学生学习统计等，进行精准的数据分析和预测。这些分析结果为管理者提供了深入了解学校运行状态和趋势的能力，帮助其更加科学地制定教育政策和资源配置策略。

第二，大数据技术具备高效的信息处理功能，具备能够快速编译、分析和挖掘庞大数据信息的潜力。相较于传统的数据处理方式，大数据技术能在极短时间内对大量数据进行分类、梳理和总结，为教育管理者提供实时、准确的决策支持。例如，针对入学人数、师生比例和教育资源配置等关键问题，大数据技术能够实时进行监测和分析，提供详尽的数据报告和可视化的分析结果，使决策者能够基于客观数据做出理性的决策。

第三，在现代教育管理中，决策的及时性和准确性对于保障教育质量和效率至关重要。大数据技术的应用不仅为教育管理决策提供了新的理念和方法，还扩展了管理者对教育数据的理解和利用能力。通过数据驱动的决策，使教育管理可以更加灵活地响应市场变化和社会需求，优化资源配置，提升教育服务的质量和效果。

二、大数据下教育管理创新发展的路径

（一）大数据下教育管理的创新思维

1. 开展教研活动，了解大数据

通过教研活动帮助高校内师生了解大数据的内涵与价值。在当今高等教育管理中，大数据技术作为一种革新性的工具，正日益引起人们的广泛关注，并得到了应用。通过定期开展教研活动，高校可以有效推广大数据技术在教育管理中的应用。首先，教研活动应当旨在帮助教职员工全面了解大数据的定义、特征及其在教育领域中的潜力。这种深入的理解有助于形成教职员工对大数据技术的统一认知，确保他们在日常工作中能够正确理解和应用大数据技术，从而推动其在教育管理中的广泛应用。其次，通过教研活动，教职员工能够深入探讨大数据技术对其工作与生活的实际影响。通过案例分析、经验分享和专家讲座等形式，教职员工可以感知到大数据技术带来的工作效率提升、决策精准性增强等实际效果，进一步增强他们对大数据技术的认同感和积极性。这种认同感是推动大数据技术

成为高校教育管理核心内容的重要前提，可使大数据技术在高校内部得到广泛接受与应用。

2. 转变思维，建立数据分析模型

随着大数据技术的快速发展，传统的高校教育管理模式正面临重要的转型机遇与挑战。在大数据环境下，高校教育管理人员需要转变思维，学习并利用新的方式建立数据分析模型，以有效应对管理过程中的各类挑战与复杂状况。传统的管理方法往往依赖于有限的数据和经验判断，难以满足当今教育管理的需求，而大数据技术的应用则为管理决策提供了新的视角与可能性。管理方法的创新不仅可以减轻管理者的工作压力，更重要的是可以显著提升高校教育管理的工作质量与效率。通过数据驱动的决策模型，管理者能够更准确地分析和预测学生的学习行为、课程效果以及教职员工的绩效，从而及时调整教学策略、优化资源配置，实现教育资源的最大化利用与公平分配。

3. 树立信息安全意识，增强防范能力

尽管大数据技术带来了巨大的管理优势和效益，但其潜在风险也不可忽视。大数据技术在提升工作效率和数据分析精确性的同时，也面临着数据信息泄露和隐私安全风险的挑战。特别是在高校这样涉及大量敏感信息的环境中，信息安全问题更是至关重要。

要有效应对这一挑战，高校管理者应当加强对数据管理系统安全性的重视和监控。建立健全的信息安全保护制度与技术防护体系，确保教育管理过程中的数据安全和对师生个人隐私的保护。这不仅包括要加强技术层面的数据加密与安全存储措施，还需加强对教职员工的信息安全意识培训，提升他们在使用大数据技术时的风险防范能力。

（二）大数据下教育管理的创新教学

1. 构建智慧课程学习平台

在当代高校教育管理工作中，教育模式的创新和优化有着极为重要的地位。随着大数据技术的快速发展，其与高校教育管理工作的有机融合对教育模式创新产生了深远影响。相较于传统的教学模式，智慧课程学习平台的构建为高校教学工作的开展提供了新的契机和挑战。这一平台不仅弥补了传统教学模式中的诸多不足，还为学生提供了更加便捷、高效的学习渠道。

智慧课程学习平台通过大数据技术对教学资源进行整合与优化，使得教学过程更加灵活和多样化。传统教学模式往往以教师为中心，课堂教学时间和地点固定，学生的学习时间和空间受到了限制，而智慧课程学习平台则通过互联网将教学资源和教学活动延展至课外，学生可以随时随地进行学习。平台利用大数据分析技术，对学生的学习行为进行实时监控和分析，及时发现学生学习过程中的问题，并为其提供个性化的学习建议，帮助他们提高学习效率。

在构建智慧课程学习平台时，高校应注重调整教师与学生之间的关系，使二者既具备平等关系，又具备协作关系。例如，澳大利亚的 Moodle 平台通过创建互动性强、参与度高的在线学习环境，使学生能够在自主学习的同时，获得教师的及时指导和反馈。学生以自身的学习兴趣和需求为起始点，通过智慧课程学习平台的资源，逐步构建具有自主性和个性化的知识体系。与此同时，教师则通过数据分析方式，对学生的学习行为进行有针对性的引导和干预，优化教学效果。

智慧课程学习平台不仅能够有效提高学生的学习效率，还能够提升教学管理工作的质量。通过对大数据技术的应用，教育管理者可以实时掌握学生的学习进度和学习效果，对教学资源进行科学合理的配置，优化教学管理决策。平台的数据分析功能还能够帮助教育管理者发现教学过程中存在的问题，及时调整教学策略，进一步提高教学质量。此外，智慧课程学习平台的构建还能够促进教育资源的共享与流通，实现优质教育资源的最大化利用。通过平台，优质的教学资源可以在不同高校之间进行共享，促进教育公平，提升整体教育质量。智慧课程学习平台还可以为教师提供一个交流和合作的平台，促进教师之间的专业交流和经验分享，提升教师的教学水平和专业素养。

2. 运用混合式教学模式

在大数据技术的支持下，教育管理人员可以制定具有个性化的教育管理方案，以满足不同专业人才培养需求和学生个性化发展的需要。混合式教学模式作为大数据背景下高校教育管理工作中的主要教学模式之一，兼具传统教学模式的优势，并通过大数据技术实现了对传统教学模式的创新与优化。混合式教学模式对学生知识内容的掌握与运用产生了极为重要的影响。

混合式教学模式中，大数据技术主要对线上教学进行变革，通过丰富线上教育功能和便捷的操作方式，培养学生形成自适应的学习能力。在线教育突破了时间和空间的限制，使学生能够根据自己的学习节奏和时间安排进行学习。通过大数据分析技术，教育管理人员可以了解学生的学习习惯和学习进度，为学生提供个性化的学习方案，帮助学生在最适合的时间和地点进行学习。

值得注意的是，在线上教育开展过程中，线上教学形式不受限制，微博、腾讯QQ、论坛空间等均可作为线上教育的载体。根据不同载体的特征，高校可以构建全新的教学情境，增强教学的趣味性和互动性。例如，利用微博的即时互动功能，教师可以与学生进行实时交流，解答学生的疑问；利用QQ的群组功能，教师可以组织在线讨论，提高学生的参与度；利用论坛空间，教师可以发布教学资源和学习任务，学生可以在论坛上进行讨论和交流，分享学习经验和成果。

线上教育的有序开展，不仅显著提高了学生的出勤率，还在无形中强化了教育管理质量。通过对大数据技术的应用，教育管理人员可以实时监控学生的学习情况，了解学生的学习需求，及时调整教学计划和策略，提高教学效果。线上教育还能够促进学生的自主学习能力和自我管理能力的培养，提高学生的综合素质和创新能力。

混合式教学模式不仅是大数据技术在教育管理中的重要应用，也是教学模式创新的重要方向。通过将线上教育与传统课堂教学相结合，高校可以充分利用大数据技术的优势，优化教学过程，提高教学质量。混合式教学模式还能够促进教育资源的共享与流通，实现优质教育资源的最大化利用，提升整体教育质量。

在实施混合式教学模式的过程中，高校应注重教学模式的设计与优化，充分发挥大数据技术的优势，提高教学效果。教育管理人员应加强对大数据技术的研究与应用，提升自身的专业素养和管理能力，为混合教学模式的实施提供强有力的支持。通过不断的探索与创新，高校可以构建具有自身特色的混合式教学模式，推动教育管理方法的创新与发展，提升教育质量和管理水平。

（三）大数据下教育管理的创新方法

1. 信息收集与利用的创新

在大数据时代，高校教育管理工作的创新主要体现在信息收集与利用两方面。完整的结构体系是这一创新的基础，它不仅利用多类传感器构建信息采集结构，实现对校园内师生教学、学习和实践活动的全面监控，还通过数据分析和信息传递优化教育管理效率。

（1）大数据技术支持下的信息采集系统使得高校管理者可以准确了解校园各方面的动态。传感器网络覆盖校园，实时收集教学、学习和实验活动的数据，为管理者提供了详尽的信息基础。例如，通过分析教研活动的开展状况及其影响，管理者可以及时调整资源分配和制定发展策略，从而提高教育质量和管理效率。

（2）集成化处理教学管理系统使得师生能够第一时间获取到重要信息。这种系统不仅仅是信息传递的工具，更是教研活动的组织者和反馈机制。师生可以通过系统了解教研活动的安排和未来发展方向，这种及时的信息反馈有助于提高教学效果和学生参与感，进一步推动教育质量的提升。

（3）高校内部多个系统的数据共享体系打造了智慧化校园结构。这种结构不仅在技术上实现了数据的整合与共享，更重要的是为教育管理者提供了全面的决策支持。通过数据的交叉分析，管理者可以更清晰地了解各部门的工作状况和校园内部的整体运行情况，为管理决策提供科学依据。

（4）大数据技术为高校教育管理体系的创新注入了新的理念和方法。通过信息传播渠道，高校能够向师生传递先进的管理理念，促进管理模式的更新和创新。这种潜移默化的影响不仅使得高校管理工作更加高效，也有助于建设学习型组织和创新型校园文化。

2. 高校与企业的协同创新

高校与企业的协同创新，对大数据标准的建设与运用具有深远的影响。这种协同创新不仅促进了高校教育管理各项功能的实现，还显著提高了教育管理系统与实际工作的匹配度。在大数据时代，信息的准确收集与有效利用是提升教育管理水平的关键。高校通过与企业的协同创新，可以借助企业在大数据技术方面的优势，完善自身的数据采集、分析和应用能力。具体而言，高校在与企业合作的过程中，不仅能够获得先进的技术支持，还能通过企业的市场经验和应用实例，优化数据管理流程，提高数据利用的效率和精准度，进而全面提升教育管理水平。

在高校与企业的协同创新中，以利益共享机制为基础是关键。完善的利益共享机制能够保障合作双方的积极性和长久性。在这种机制下，高校与企业可以共同完善体制机制、人才机制、技术机制和资金机制，形成一个健康的利益共同体。体制机制的完善，使得高校与企业在合作中可以有章可循，有序推进。人才机制的建设，则能够吸引和培养大数据领域的专业人才，提升合作的专业性和创新能力。技术机制的建立，能够确保高校在大数据技术应用中的先进性和实效性，而资金机制的健全，则为高校与企业的协同创新提供了坚实的经济保障。通过利益共享机制的建立和完善，高校与企业的合作不再只是短期的利益交换，而是形成了一个长期稳定的合作关系，这促进了大数据技术在高校教育管理中的深度应用。

协同创新不仅仅是技术上的合作，更是理念上的融合。在协同创新进程中，高校与企业共同构建全新的利益共享机制，实现了企业与高校管理的有机融合。这种融合增强了企业参与高校应用大数据技术的全过程，推动了大数据技术在高校中的普及和深化。借助协同创新，企业不仅可以参与到数据标准的建设中，还能在共享平台的搭建和人员培训中发挥重要作用。高校通过与企业的深度合作，可以借鉴企业在大数据应用中的先进经验和成功案例，提高自身在数据管理和应用方面的能力。同时，企业也可以通过与高校的合作，获得更多的研究成果和人才支持，提升自身在大数据领域的竞争力和创新能力。这种双赢的合作模式，不仅推动了大数据技术的广泛应用，也为高校教育管理的创新提供了强大的动力和支持。

第四节　总体国家安全观下教育安全治理路径

一、总体国家安全观下教育安全治理的必要性

在当前数字化背景下，结合总体国家安全观的视域，教育安全治理的必要性愈发凸显，以下从四个方面进行了论述。

（一）维护国家安全的战略需求

在数字化时代，国家安全的内涵与外延正经历着深刻变革。信息技术的迅猛发展使得网络安全成为国家安全的核心组成部分，而教育领域作为信息密集型的关键领域，其安全性变得尤为重要。数字化教育平台、在线教学资源及学生个人信息等在不断地积累与传输过程中，面临着严峻的安全挑战。一旦这些信息系统遭受攻击或出现数据泄露，不仅可能直接侵害个人隐私，还可能被境外不法分子利用，危及国家政治、经济与文化安全。

第一，教育领域的数字化背景下，网络安全问题已逐渐成为国家安全的关键。教育信息化的推进，虽然在提高教育效率和资源利用率方面发挥了积极作用，但也带来了新的风险挑战。例如，教育数据的集中存储和处理，使得这些数据成为攻击者的目标。一旦教育系统的网络安全防护措施不到位，敏感信息如学生成绩、教育政策等将可能遭到恶意篡改或泄露。这不仅给个人带来隐患，更可能对国家安全造成潜在威胁。境外敌对势力可能利用这些信息进行网络攻击、信息战或心理战，从而影响国家的政治稳定和社会安全。

第二，国家安全的战略需求要求我们必须在数字背景下加强教育安全治理。网络攻击的形式日益多样化和隐蔽化，攻击手段和技术也在不断升级。为了有效应对这些挑战，国家必须建立健全的教育安全治理体系，包括制定严格的数据保护法律法规、完善安全管理制度、加强网络安全技术研发等。这不仅有助于保障

教育信息系统的安全稳定运行，还有助于增强国家抵御信息安全威胁的能力，从而在全局上维护国家的整体安全。

（二）保障教育公平与质量的前提

教育公平与质量是社会发展的根本，尤其在数字化时代，教育资源的公平分配和质量保障显得尤为重要。随着数字化教育平台的广泛应用，教育资源得以跨越地域限制，实现广泛的共享。然而，这一过程也带来了新的安全隐患，而且可能对教育 公平与质量构成威胁。信息安全问题如教育资源篡改、盗用等，都可能导致教育资源 的不公正分配，从而影响教育质量和公平。

在数字化背景下，教育资源的安全性直接关系到教育公平。若没有有效的安全 治理机制，教育资源可能被恶意篡改或伪造，从而影响教育资源的真实性和可靠性。 例如，在线课程内容、教学资料等一旦遭到恶意篡改，不仅可能误导学生的学习方向，还可能对教育评价和考试成绩产生不良影响。这种情况不仅降低了教育资源的有效性，也会加剧教育资源的分配不公。因此，必须加强教育资源的安全治理，确保数字化教育资源的真实性和完整性，从而保障教育的公平性和质量。

同时，数字化教育环境下的安全治理还需要关注信息保护的措施。数据的篡改和泄露可能导致教育资源的不公平分配，影响学生的学习机会和教育成果。因此，建立完善的教育资源安全管理制度，实施严格的安全审核和监控机制，是保障教育公平与质量的重要前提。这包括对教育资源进行全面的安全评估、加强对数据的保护以及确保信息系统的稳定性和可靠性等。

（三）促进个人信息保护的必然要求

在数字化教育过程中，大量的个人信息被收集、存储和处理，包括学生的学习成绩、家庭背景等敏感数据。这些信息的泄露或滥用不仅侵犯个人隐私权，还可能引发社会信任危机。个人信息保护是国家安全观下的重要内容，尤其是在教育领域，保护学生的个人信息尤为关键。

第一，教育过程中个人信息的大量采集和处理，可能带来严重的隐私侵犯问题。学生的个人信息一旦泄露，可能被不法分子利用，进行身份盗窃、诈骗等犯罪活动。此外，个人信息的滥用也可能导致社会信任的下降，影响公众对教育系统的信任感和满意度。为此，必须从国家安全的角度出发，加强教育安全治理，建立健全个人信息保护机制。这包括加强数据加密、实施严格的访问控制、制定详细的隐私政策等，确保学生个人信息的安全性和隐私性。

第二，个人信息保护的加强也是促进社会和谐稳定的必要措施。个人信息的泄露和滥用不仅对个体造成困扰，还可能引发广泛的社会问题。通过建立健全的数据保护制度，确保信息的合法收集和使用，可以有效防止信息泄露和滥用，从而维护社会的整体稳定和谐。此外，教育机构应当加强对师生信息保护意识的培养，提升其对信息保护的重视程度，从而进一步增强信息保护的整体水平。

（四）推动教育治理现代化的关键路径

教育治理现代化是国家治理体系和治理能力现代化的重要组成部分。在数字化背景下，教育治理需要借助先进的信息技术手段，实现管理流程的优化、决策的科学化和服务的个性化。然而，这一过程中伴随着安全风险的增加，需要在推动现代化的同时，加强教育安全治理。

第一，数字化技术的应用为教育治理带来了前所未有的机遇和挑战。通过信息化手段，教育管理能够更加高效、透明，并且能够为每位学生提供更具个性化的服务。然而，这一过程中的安全风险不容忽视。例如，数字化管理系统的漏洞可能被攻击者利用，导致数据丢失或篡改。因此，为了推动教育治理现代化，需要建立安全可控的数字化教育环境。这包括加强信息系统的安全防护、建立完善的安全管理制度、提升管理人员的数字化素养等。

第二，教育治理现代化还需要加强应急响应和处置能力。面对潜在的网络安全威胁和突发事件，教育机构需要具备快速响应和处理的能力，以保障教育系统的安全稳定运行。建立健全的应急响应机制，开展定期的安全演练和评估，可以有效提升教育治理的现代化水平，从而为教育事业的高质量发展提供有力保障。

二、总体国家安全观下教育安全治理的实施路径

在当今数字化快速发展的时代，教育安全问题已成为各国教育体系所面临的重要挑战之一。随着互联网技术的普及和应用，教育领域的安全隐患不断增多，并呈现出新的特点和复杂性。因此，探索和构建有效的教育安全治理路径，已成为确保教育系统稳定和健康发展的关键任务。数字化背景下教育安全治理路径主要包括以下内容。

（一）提升技术防护能力

在数字化时代，学校面临的网络不良影响日益复杂和多样化。为有效应对这些不良影响，提升技术防护能力成为教育安全治理的重中之重。学校应加强与专业网络安全公司的合作，采用先进的网络安全技术手段，建立健全的网络安全防护体系。

第一，部署防火墙和入侵检测系统是防止外部攻击的基础设施，这些技术手段能够实时监测网络流量，识别并阻止潜在的威胁行为，确保校园网络的安全运行。另外，数据加密技术对于保护教育数据的机密性和完整性至关重要。通过加密技术，学校可以防止敏感信息在传输过程中的泄露和篡改，从而保障学生和教师的数据安全。

第二，学校还应定期进行网络安全评估和渗透测试，以发现并修复系统中的安全漏洞，这些预防性措施有助于提升学校的整体安全水平，减少网络攻击带来的潜在风险。通过不断提升技术防护能力，学校能够构建起坚实的网络安全屏障，确保教育活动的顺利进行。

（二）加强安全教育与培训

提升教师、学生和家长的网络安全意识和技能，是教育安全治理的重要一环。数字化时代的网络威胁不仅来自技术层面，更源于人们对安全防范的意识不足。因此，学校应定期开展网络安全教育活动，通过讲座、培训和实践操作，提高各

方对数字安全的认识和防范能力。

对于教师而言，网络安全教育不仅是提升自身防护能力的重要途径，也是保障学生安全的重要责任。通过安全培训，教师可以掌握基本的网络安全知识和技能，如识别钓鱼邮件、防范恶意软件等，从而在日常教学中更好地保护学生的信息安全。

对于学生而言，网络安全教育应从小抓起，培养其良好的网络使用习惯和自我保护意识。学校可以通过课程设置、案例分析和互动实践等方式，帮助学生了解网络威胁的多样性及其应对方法，增强学生在数字环境中的安全感。

对于家长而言，其作为学生网络安全的重要保护者，也应积极参与到网络安全教育中来。学校应定期组织家长培训，介绍网络安全的基本知识和家庭防护策略，帮助家长了解如何监控和指导子女的网络使用情况，预防网络安全事件的发生。

（三）建立多方协同治理机制

教育安全治理不仅仅是学校的责任，更需要政府、学校、家庭和社会各方力量的共同参与和协同合作。只有形成合力，才能有效应对数字化时代的各种安全挑战。

第一，政府在教育安全治理中应发挥主导作用，制定和完善相关政策法规，为学校提供明确的安全标准和操作指南。通过政策引导和资源支持，政府可以推动教育安全治理工作的全面落实，确保各项安全措施的有效执行。

第二，学校作为教育安全治理的实施主体，应落实具体的安全措施，加强日常管理。学校应设立专门的网络安全管理部门，负责制定和实施校园网络安全策略，定期开展安全检查和风险评估，确保校园网络环境的安全稳定。

第三，家庭是学生网络安全的重要防线。家长应关注子女的网络使用情况，培养其良好的网络使用习惯。通过与学校和社会力量的合作，家长可以获取更多的网络安全知识和资源，共同构建学生的网络安全防护网。

第四，社会力量，包括企业和非政府组织，在教育安全治理中也可以发挥重要作用。企业可以提供先进的技术支持和安全产品，非政府组织可以开展网络安全宣传和教育活动，提升全社会的网络安全意识和防护能力。

（四）创新教育安全管理模式

在数字化背景下，传统的教育安全管理模式已难以适应新的安全需求。学校应探索创新管理模式，运用大数据、人工智能等先进技术手段，建立智能化的安全监测和预警系统，实现对安全风险的早发现、早预警、早处置。

大数据技术在教育安全管理中的应用，可以实现对海量数据的实时分析和处理，及时发现潜在的安全威胁。例如，通过对网络流量数据的分析，学校可以识别异常行为，及时采取防范措施，防止安全事件的发生。

人工智能技术在安全监测和预警系统中的应用，可以提高安全管理的智能化水平。通过机器学习算法，系统可以自动识别和预测网络攻击行为，并在攻击发生之前发出预警信号，为学校争取宝贵的应对时间。此外，学校还应建立完善的安全事件应急响应机制，确保在安全事件发生时能够迅速采取有效措施，最大限度地减少损失和影响。通过制定详细的应急预案，开展应急演练，学校可以提升应对突发安全事件的能力和水平。

第七章 科教兴国背景下科学教育的管理实践与创新

第一节 科学教育的内涵与理论

一、科学教育的内涵分析

"科学教育将知识形态的科学技术转化为现实生产力，它在社会发展、建设创新型国家和提高公民科学素养等方面有着重要的功能。"[①] 科学教育作为一门专业，其重要性在当今知识经济时代愈发凸显，它不仅培养了具有良好思想道德品质的学生，而且通过系统的教学计划，为学生提供了扎实的自然科学知识基础和科学教育能力，这一专业的目标是培育能够在中小学教育领域，以及在更广泛的教育科研和公共事业单位中发挥作用的复合型人才。

在课程设置上，科学教育专业涵盖了自然科学的广泛领域，包括但不限于物理学、化学、生物学、地球科学等。学生不仅要学习这些学科的基本理论，还要通过实验和实践活动，深化对科学原理的理解和应用能力，这种理论与实践相结合的教学模式，有助于学生形成科学的世界观和方法论，培养他们解决复杂问题的能力。此外，科学教育专业还特别强调对科学教育方法和技巧的学习。学生将学习如何设计和实施科学教学计划，如何运用现代教育技术和多媒体工具进行教学，以及如何评估和提高教学效果。

[①] 崔鸿，李秀菊.科学教育与科学传播概论 [M].北京：中国科学技术出版社，2020：125.

科学教育专业的学生还被鼓励参与科研项目和社会实践，这不仅能够增强他们的研究能力，也能够提升他们的社会责任感。通过参与科研项目，学生可以了解科学研究的最新进展，学习如何提出问题、设计实验、分析数据和撰写科研报告等，而社会实践则让学生有机会将科学知识应用于解决现实问题，提高他们的社会服务能力。

二、科学教育的理论支撑

（一）HPS 理论

HPS（History and Philosophy of Science）理论，即科学史与科学哲学理论，是科学教育中的一种重要理论框架。HPS 理论旨在通过科学的历史和哲学背景，帮助学生深入理解科学的本质、过程及其发展。这一理论强调科学不仅仅是获取知识的过程，而且是一个充满了历史和哲学思考的复杂活动。它融合了科学史、科学哲学以及科学教育等领域的内容，旨在通过多维度的视角，提升学生的科学素养和批判性思维能力。

科学史作为 HPS 理论的一个重要组成部分，通过回顾科学的发展历程，揭示出科学知识是如何在不断的探索和实验中积累的。科学史不仅展示了科学发现的过程，还揭示了科学知识的演变、科学方法的变化以及科学与社会的互动关系等。通过学习科学史，学生能够理解科学知识的动态性和非线性发展，认识到科学理论的形成不是一蹴而就的，而是经历了不断的试验、修正和完善的过程。例如，了解牛顿力学的发展历程，可以帮助学生认识到科学理论的形成和改进是一个长期且复杂的过程。

科学哲学则关注科学知识的本质、科学方法的合理性及科学理论的逻辑结构。它探讨了科学如何构建知识体系、如何定义科学理论的有效性以及科学方法的哲学基础。通过引入科学哲学的视角，学生可以深入思考科学理论的基础假设、科学实践的伦理问题以及科学解释的局限性。例如，科学哲学的讨论可以帮助学生理解科学模型的性质及其局限性，认识到科学不是绝对真理的发现，而是对现象的最佳解释。

在科学教育中，应用 HPS 理论有助于增强学生对科学的整体理解和批判性思维能力。通过结合科学史和科学哲学，教育工作者可以设计丰富的课程内容和教学活动。例如，教师可以通过历史案例分析和哲学讨论，引导学生探索科学理论的形成过程及其背后的哲学问题。此外，HPS 理论还强调跨学科的学习，鼓励学生从历史和哲学的角度审视科学问题，从而培养他们的综合思维能力和创新能力。

（二）STS 教育理论

STS 教育理论是 20 世纪 70 年代兴起的一种教育理念，STS 教育理论通常指的是"Science，Technology，andSociety"（科学、技术与社会）教育理论，这是一种跨学科的教育方法，强调科学教育应关注科学技术与社会的关系，培养学生对科学、技术及其社会影响的全面理解。

第一，STS 教育强调科学技术的社会性和人文性。科学技术不仅是客观的知识体系，也与社会、文化、伦理等因素密切相关。在科学教育中，通过引入社会问题和伦理讨论，学生可以理解科学技术的社会影响，培养科学素养和社会责任感。

第二，STS 教育主张跨学科的综合学习。科学技术问题往往是复杂的，需要多学科的知识和方法。在科学教育中，通过跨学科的学习，学生可以从不同角度理解科学技术问题，培养综合解决问题的能力。

第三，STS 教育倡导以问题为导向的学习。科学技术问题往往是现实世界中的实际问题，需要学生通过探究和解决实际问题来学习科学知识。在科学教育中，通过设计问题导向的学习任务，学生可以在解决实际问题的过程中，理解和应用科学知识。

第四，STS 教育强调公民科学素养的培养。科学技术的发展对社会产生了深远影响，公民需要具备基本的科学素养，才能参与社会公共事务的讨论和决策。在科学教育中，通过培养学生的科学素养，学生可以理解科学技术的基本原理和社会影响，成为有责任感和批判性思维的公民。

（三）STEM 教育理论

STEM 教育（Science,Technology,Engineering,and Mathematics Education）是一种综合性教育模式，旨在通过科学、技术、工程和数学的交叉融合，培养学生的综合能力和解决问题的能力。STEM 教育理论强调这四个学科之间的联系与整合，而不是将其视为独立的领域，这种教育模式不仅关注学科知识的传授，还注重实际应用和跨学科的协作，旨在为学生提供一种综合的学习体验，帮助他们在复杂的现实世界中解决实际问题。

STEM 教育的核心目标包括培养学生的批判性思维、创新能力和问题解决能力。STEM 教育通过将科学、技术、工程和数学融为一体，旨在使学生能够理解和应用这些学科的基本原理，同时激发他们的创造力。例如，学生在进行一个跨学科项目时，可能需要运用科学知识来进行实验，通过技术手段来设计和实现解决方案，并利用工程和数学原理来评估和优化结果。这种综合性的学习方法不仅提高了学生的学科素养，也增强了他们的实际操作能力和团队合作能力。

为了有效实施 STEM 教育，教师通常采用以下策略：首先，课程设计应注重跨学科的整合，将科学、技术、工程和数学的内容有机结合。例如，通过项目导向学习，学生可以在实际问题的解决过程中应用不同学科的知识。其次，教学方法应注重实践和探究，通过实验、模拟和实际操作，使学生能够将理论知识转化为实际技能。再次，STEM 教育还强调与业界的合作。学校可以通过与企业和科研机构的合作，给学生提供真实的工作环境和实践机会。最后，教师的专业发展也是关键。教师需要不断更新自己的知识和教学方法，以适应 STEM 教育的需求。

（四）建构主义学习理论

建构主义学习理论是一种教育和学习理论，强调知识是通过个人主动参与，并在与环境互动的过程中构建的。这种理论认为学习是一个主动的、建构的过程，而不是被动地接受知识的过程。建构主义学习理论认为知识是通过个体与环境的互动构建出来的，而不是被动地接收信息。在科学教育中，建构主义学习理论具有重要意义，主要体现在以下方面。

第一，建构主义强调学生的主动参与性和经常参加实践活动。在科学教育中，这意味着学生不是被动接受科学知识，而是通过实验、探究、项目等活动，主动构建自己的科学理解。

第二，建构主义重视社会互动和合作学习。知识的建构不仅是个体的活动，也是社会互动的结果。在科学教育中，通过小组讨论、合作实验、团队项目等形式，学生可以互相交流观点，分享知识，集思广益，促进科学知识的建构。

第三，建构主义强调反思性学习。反思是学生在学习过程中对自己的理解进行评估和调整的过程。在科学教育中，教师应鼓励学生反思自己的实验过程、结果和方法，质疑自己的假设，提出改进方案，从而不断深化对科学知识的理解。

第四，建构主义还主张情境化学习，即将学习内容与学生的实际生活和经验相结合。在科学教育中，教师可以通过设计与现实生活相关的情境任务，使学生在解决实际问题的过程中，理解和应用科学知识。例如，通过研究环境污染问题，学生可以理解化学和生态学的基本原理，并思考科学技术在解决环境问题中的作用。

第二节　科学教育管理模式构建

一、科学教育管理模式构建的原则

第一，科学性原则。科学教育管理模式的构建必须遵循科学性原则，确保管理活动的各个环节都有科学依据，这包括教育内容的选择和设计要基于科学理论和最新研究成果，教学方法要符合认知科学和教育心理学的原理，评价标准和手段要具有科学性和客观性。

第二，系统性原则。科学教育管理是一个复杂的系统工程，涉及多个层面和多种要素的协调与整合。因此，在构建科学教育管理模式时，必须坚持系统性原则，从整体上进行规划和设计，确保各个部分之间的协调和配合，形成一个有机的整体。

第三，创新性原则。随着科学技术的不断发展，科学教育的内容和形式也在不断变化。科学教育管理模式的构建必须具备创新性，能够与时俱进，适应新形势、新要求。这包括教育理念的创新、教学方法的创新、评价机制的创新等。

第四，实效性原则。科学教育管理模式的构建不仅要注重理论的完整性，更要注重实践的可操作性和实效性。管理模式的设计应以提高教育质量和学生的科学素养为最终目标，注重实践中的应用效果，确保管理模式能够切实解决实际问题，取得预期的效果。

二、科学教育管理模式的构建策略

（一）优化教学内容

科学教育管理模式的核心在于教学内容的优化。教学内容的设计应基于科学前沿知识，结合学生的认知水平和实际需求，注重基础知识与前沿知识的有机结合，理论知识与实践能力的相互促进。优化教学内容具体策略包括：①动态更新教学大纲。根据科学发展的最新成果，定期更新教学大纲，确保教学内容的前沿性和实用性。②设置模块化课程。将科学课程按主题模块化，既保证基础知识的系统性，又增强学习内容的灵活性和针对性。③加强跨学科融合，促进学科间的交叉与融合，通过跨学科课程设计，培养学生的综合素养和创新能力。

（二）整合教育资源

科学教育管理模式的有效实施，离不开教育资源的整合与优化配置。科学教育资源包括师资力量、教学设备、实验室资源、图书资料等。教育资源的整合具体策略包括：①加强师资队伍建设。通过引进高水平人才、加强教师培训、促进学术交流等方式，提高师资队伍的整体素质和教学水平。②优化教学设备配置。根据教学需要，合理配置实验设备、信息技术设备等，提高资源利用效率。③搭建资源共享平台。建立科学教育资源共享平台，实现资源的共建共享，提升资源利用率和教学效果。

（三）改革评价机制

科学教育管理模式的构建离不开科学的评价机制。传统的评价机制往往过于注重结果，忽视了对过程的评价和对综合素质的考查。为此，需要对评价机制进行改革，建立多元化、全过程的评价体系。首先，建立多元化评价指标体系。不仅关注学生的学业成绩，还应关注包括实验操作能力、创新能力、团队合作精神等多方面在内的评价指标。其次，实施过程性评价。注重教学过程中的评价，通过阶段性检测、课堂观察、学习日志等形式，及时了解和反馈学生的学习进展和问题。最后，加强自我评价和同伴评价。鼓励学生进行自我评价和同伴评价，培养学生的自我反思能力和批判性思维。

第三节　科学教师专业素养建设

"当今世界，科技和教育被许多国家视为提高综合国力和国际竞争力的关键。国民素质，尤其是公民的科学素质已经成为国家竞争力的重要标志。"[①] 教师专业素养是教师专业发展的主要内容，也是影响教育教学效果的重要因素。一般而言，科学教师专业素养建设可以从以下方面展开。

一、教育理念

科学教师的教育理念是其专业素养的核心，是指导教学实践的理论基础。首先，责任心是教育理念的根本。科学教师需要对学生的学习和成长承担高度的责任，这不仅仅体现在课堂教学中，还包括对学生全面发展的关注。教师的责任心要求他们不断优化教学方法，关注学生的个体差异，并在教学过程中展现出对学生学习效果的深切关怀。其次，综合观要求教师在教学中具备宏观和微观的视角，

---

① 李中国．科学课教师胜任特征模型实证性研究 [J]. 教育研究，2011，32（08）：74.

能够从整体上把握学科内容的布局，并细致入微地理解学生的发展需求，这种视角能够帮助教师在教学中做出科学合理的决策。探究观则强调教师应鼓励学生进行探究性学习，培养他们的科学探究能力。教师需要设计有挑战性的探究活动，激发学生的好奇心和探究欲。因材施教是教师应具备的另一重要理念，即根据学生的个体差异调整教学策略，满足不同学生的学习需求。这要求教师能够精准了解每位学生的学习特点，并有针对性地调整教学内容和方法。最后，坚定信念是教师在教育过程中保持热情和追求卓越的基础。教师应对教育事业充满信仰，并不断追求教学的最佳实践，这种坚定的信念能够激励教师不断进取，不断为学生提供更高质量的教育。

二、学生理解

对学生的理解是科学教师进行有效教学的基础，这决定了教师如何调整教学策略以满足学生的需求。学段认知特征是教师理解学生学习需求的第一步。不同年龄段的学生具有不同的认知能力：小学生的认知能力较为具体，更多依赖直观的感知和实际操作；而中学生则开始具备抽象思维能力，能够处理更复杂的科学概念。教师必须根据这些认知特征调整教学内容和方法，确保教学的适切性。感知儿童心理是另一个重要方面，教师需要了解儿童的情感状态、学习需求及心理变化，以更好地支持他们的学习。这包括教师要识别学生的情感问题，及时为其提供心理支持。儿童兴趣激发则要求教师能够发现和培养学生的兴趣爱好，通过有趣和相关的教学活动激发学生的学习动机。教师可以通过设计互动性强的实验或探索活动，吸引学生的注意力，激发他们的探索欲望，从而提高学习效果。

三、知识体系

科学教师的知识体系包括多种知识类型，是其有效教学的基础。程序性知识指教师掌握的科学学科基本程序和实验操作方法，这是进行有效教学的基础。例如，教师需要熟练掌握实验步骤和科学操作规范，以确保实验的准确性和安全性。策略性知识则涉及教师在教学过程中使用的教学策略和方法，包括如何设计科学实验、如何引导学生思考和解决问题等，这种知识帮助教师在课堂上运用适当的教学手段，提高教学效果。科技史知识要求教师了解科学的发展历程，认识科学知识的演变及科学家在其中的作用。这不仅能帮助学生理解科学概念的历史背景，还能激发他们对科学探索的兴趣。生活经验是教师知识体系的重要组成部分，教师应将科学知识与实际生活相结合，通过解决实际问题来引导学生理解科学概念。这种教学方法能够使科学知识变得更加生动和贴近实际，提高学生的学习兴趣和应用能力。

四、行为能力

科学教师的行为能力直接影响课堂教学的效果。课程资源开发是教师行为能力的一部分，包括设计和制作适合的教学资源，如实验器材和教学辅助材料。有效的课程资源能够增强教学效果，帮助学生更好地理解科学概念。教学调控能力是指教师在课堂上对教学过程进行管理和调节的能力，包括调整教学进度、解决课堂问题等。这种能力确保了教学目标的实现，并使课堂管理更加有序。探究能力是指教师能够引导学生进行自主探究，培养他们的科学探究技能。这要求教师设计开放性的问题和活动，鼓励学生提出问题并寻找答案。多元化教学强调教师应采用多种教学方法，以适应不同学生的学习需求。教师可以通过不同的教学策略，如小组讨论、实验操作和多媒体展示等，来提高教学的有效性。科学研究能力则要求教师具备一定的科学研究技能，能够参与或指导学生进行科学研究。教师的研究能力不仅提升了自身的学术水平，还能丰富课堂内容。沟通协调能力则是教师与学生、家长及同事之间有效沟通的能力，这对于确保教育工作的顺利进行至关重要。

五、专业成长

科学教师的专业成长是持续提升教学质量的关键。教学反思是教师对自己教学活动进行自我评价和反思的过程。通过总结教学中的成功经验和存在的问题，教师能够不断改进教学方法，提高教学效果。自我规划则包括教师对自己职业发展的长期规划和目标设定，明确未来的发展方向。教师需要设定明确的职业目标，并制定实现这些目标的具体计划。自我更新是指教师需要不断学习新的教育理论和教学方法，保持教学的现代性和有效性。教师可以通过参加培训、阅读专业书籍和关注教育前沿动态等，不断更新自身的知识和技能，以适应教育环境的变化。这种持续的学习和自我更新，能够帮助教师在快速变化的教育领域中保持竞争力，并不断提升教学质量。

第四节　数智时代下科学教育的发展路向

在数智时代，科学教育正迎来一场深刻的变革，其核心理念和实践路径呈现出新的面貌。首先，终身学习的理念被广泛提倡，强调知识更新的持续性和学习过程的终身性，以适应知识和技能迭代的快速节奏；其次，智能技术的融合成为教育创新的重要驱动力，通过人工智能、机器学习等工具，实现教学内容的个性化和学习过程的智能化，极大地提升了教育的效率和质量；最后，创新能力的培养被置于教育目标的中心位置，鼓励学生通过探索、实践和创新来解决复杂问题，培养他们成为未来社会所需的创新型人才。这三大发展路向共同勾勒出数智时代科学教育的新蓝图，为培养适应未来挑战的人才奠定了坚实的基础，具体如下。

一、提倡终身学习理念

终身学习理念是一种教育哲学，它认为学习是一个持续的过程，不仅仅局限于学校教育阶段，而且是伴随个人的整个生命历程。在数智时代，终身学习理念的提倡已成为科学教育不可或缺的一部分。这种理念的核心在于认识到学习是一个持续的过程，不仅限于学校教育，还贯穿于个人的整个职业生涯和生活。随着科技的迅速发展，新知识、新技术层出不穷，教育者和学习者都必须适应这种变化，不断更新自己的知识体系。

为了实现终身学习，教育者需要采用灵活多样的教学方法，如翻转课堂、项目式学习等，以激发学生的学习兴趣和自主学习能力。同时，教育者还应利用在线学习平台、开放课程资源等，打破时间和空间的限制，为学生提供更加丰富和便捷的学习途径。此外，终身学习还要求学生具备自我驱动和自我管理的能力。他们需要学会如何有效地利用各种学习资源，如何评估和选择适合自己的学习路径，以及如何在不断变化的环境中保持学习的动力和热情。通过终身学习，学生不仅能够跟上知识更新的步伐，还能够培养出适应未来社会所需的关键能力，如批判性思维、创新性思维和协作能力。

二、强调与智能技术的融合

与智能技术的融合正在深刻地重塑着科学教育的面貌，也为学习者带来了前所未有的个性化学习体验。随着人工智能和机器学习技术的不断进步，教育工具变得更加智能和灵活，能够实时响应学生的需求和偏好，在这种智能化的教育环境中，教学助手不再是简单的信息提供者，而是成为学生学习过程中的伙伴和指导者。它们通过分析学生的学习行为和成果，能够提供有针对性的反馈和建议，帮助学生识别和弥补知识上的不足，同时鼓励他们在学习中进行各种探索和尝试。

另外，自适应学习平台进一步推动了个性化学习的发展，相关平台能够根据学生的实时表现和历史数据，动态调整教学内容和难度，确保每个学生都能在自己的节奏下学习，同时保持挑战性和激励性，这种自适应机制不仅提高了学习效率，也增强了学生的学习动力和自信心。同时，智能技术的融合还为科学教育带来了新的教学模式和方法。例如，通过虚拟现实和增强现实技术，学生可以在模拟环境中进行实验和探索，这不仅提高了学习的趣味性，也加深了学生对复杂科学概念的理解。智能分析工具还可以帮助教师更好地了解班级的整体学习情况，从而进行更有效的教学设计和干预。

三、注重创新能力培养

在数智时代，创新能力的培养成为科学教育的重中之重。传统的知识传授方式已无法满足未来社会的需求，因此，当前需要采用更加开放和灵活的教学方法，以培养学生的创新性思维和实践能力。

开放性问题的设计是激发学生创新能力的有效途径，这类问题没有固定的答案，而是鼓励学生从不同角度思考问题，提出自己的见解和解决方案。通过这种方式，学生能够学会批判性思维，培养独立解决问题的能力。另外，教师还应当鼓励学生在实践中探索和实验。通过动手操作、实验验证和创新设计，学生能够更直观地理解科学原理，体验科学发现的过程。这种实践经历不仅能够增强学生对知识的理解，也能够激发他们的创新精神和探索欲望。

在数智时代，创新能力的培养不仅限于科学领域，还涉及社会、经济、文化等多个方面。教师应当引导学生关注社会问题，培养他们的社会责任感和公民意识。通过参与社会服务、公共政策讨论等活动，学生能够学会从宏观的角度思考问题，形成自己的价值观和世界观。

第八章　教育领航：教育管理与实践创新

第一节　教育领航的核心理念与目标

一、教育领航的核心理念

在全球化与信息化飞速发展的当今时代，教育领域面临着前所未有的机遇与挑战。为了应对这些变化，许多国家和地区提出了"教育领航"这一概念，旨在通过核心理念的引导，促进教育的全面提升与长远发展。以下从"以学生为中心""质量为本"以及"创新驱动"三个核心理念出发，探讨教育领航的基本内涵与实现路径。

（一）以学生为中心：教育的根本出发点

"以学生为中心"是现代教育理念的核心，也是教育领航的首要原则。传统的教育模式多以教师为主导，教学过程以知识传授为重。然而，随着教育理论的发展和对学生主体地位的重新认识，"以学生为中心"的理念逐渐被广泛接受并应用于教育实践中。

第一，"以学生为中心"强调教育的个性化与差异化。每一名学生都是独特的个体，具有不同的学习需求、兴趣和能力。因此，教育应根据学生的个体差异，为其提供多样化的学习资源和个性化的指导。具体而言，教师应深入了解学生的特点，设计符合其认知水平和兴趣的教学内容与方法，帮助学生在自己的节奏中充分发挥潜力。

第二，"以学生为中心"要求学生在学习过程中主动参与。学生不仅是知识的接受者，更应是知识的探究者和建构者。在这一理念的指导下，教育活动应鼓励学生积极思考、独立探究，并通过合作学习、项目式学习等方式提升自身的自主学习能力。这种学习方式不仅能够增强学生的学习兴趣，还能培养其批判性思维和解决问题的能力，从而为终身学习奠定基础。

第三，"以学生为中心"还体现在对教育评价的改革中。传统的评价方式多以标准化考试为主，强调对学生知识掌握程度的检验。然而，这种评价方式往往忽视了学生的个性发展和综合能力的培养。因此，现代教育越来越重视过程性评价和形成性评价，通过多维度、多元化的评价手段，全面了解和促进学生的发展。

（二）质量为本：教育发展的核心目标

教育质量是教育发展的核心目标，是衡量教育成效的基本标准。在教育领航的过程中，确保教育质量不仅是各级教育行政部门的基本职责，也是每一位教育工作者的根本任务。

第一，教育质量的提升离不开高素质的教师队伍。教师是教育的实施者，其专业素养和教学能力直接关系到教育的质量。为此，各地应加强教师的培养与培训，通过持续的职业发展支持和激励机制，提升教师的专业能力和教育热情。同时，教育机构应为教师提供良好的工作环境和职业发展空间，激发教师的创新精神和教学活力。

第二，课程与教学是影响教育质量的重要因素。课程设计应以学生的全面发展为目标，既要关注学生对基础知识的掌握，又要注重对学生创新能力、实践能力和社会责任感的培养。在教学过程中，教师应灵活运用多种教学策略，激发学生的学习兴趣，促进学生的深度学习。此外，教育技术的合理运用也能显著提升教学效果，如通过信息技术手段实现个性化教学与智能化评价，从而提高教育质量。

第三，教育质量的保障离不开科学的管理与评价体系。教育管理者应建立健全的质量监控与保障机制，通过定期的质量评估与反馈，及时发现问题并进行改进。同时，教育评价体系应综合考虑多方面因素，不仅关注学生的学业成绩，还应注重学生的综合素质和社会适应能力的提升。通过科学、公正的评价手段，推动教育质量的持续提升。

（三）创新驱动：教育改革的动力源泉

在当今社会，科技进步与社会变革日新月异，教育作为社会发展的重要组成部分，必须紧跟时代步伐，通过创新驱动实现自身的变革与发展。教育领航强调创新驱动这一核心理念，旨在通过教育理念、教育内容、教育方式的创新，全面提升教育的适应性与竞争力。

第一，教育理念的创新是教育发展的先导。传统的教育理念多侧重于知识的传授与记忆，而现代教育理念则更加关注学生的能力培养与个性发展。在这一背景下，教育工作者应不断更新教育观念，树立终身学习、全面发展的教育目标，并在教育实践中积极探索新的教学模式与方法，如混合式学习、探究式学习等，以满足新时代对人才的多样化需求。

第二，教育内容的创新是提升教育质量的重要途径。随着知识更新速度的加快，教育内容也需要不断调整与更新。教育机构应根据社会发展的需求，及时更新课程内容，确保学生所学的知识具有前瞻性和实用性。此外，教育内容的创新还体现在跨学科教育与综合素质培养上，通过跨学科的学习和实践，培养学生的综合能力与创新精神。

第三，教育方式的创新是实现教育变革的关键。信息技术的迅猛发展为教育方式的创新提供了广阔的空间。在线教育、虚拟现实、人工智能等新技术的应用，正在改变传统的教育模式，推动教育向个性化、智能化方向发展。同时，教育方式的创新还应体现在教学方法的多样化上，如通过项目式学习、情景模拟、合作学习等方式，提升学生的学习体验与效果。

二、教育领航的目标分析

在全球化与信息化浪潮的推动下，教育面临着前所未有的挑战和机遇。如何引领教育发展，实现高质量的教育目标，已成为各国教育政策制定者和教育研究者关注的核心问题。教育领航作为一种教育发展的前瞻性战略，不仅旨在提升教育质量、促进教育公平，还力求培养能够适应未来社会需求的创新型人才。以下从教育领航的主要目标出发，深入探讨提升教育质量、促进教育公平及培养创新人才的重要性和实现路径，为教育改革提供理论支持和实践指导。

（一）提升教育质量：教育领航的核心目标

教育质量的提升是教育领航的核心目标之一。高质量的教育不仅指教学内容的丰富性和教学方法的科学性，还包括学生学习效果的提升和全面素质的培养。在全球竞争日益激烈的背景下，提升教育质量已成为各国提升国力和竞争力的关键策略之一。

第一，提升教育质量需要优化课程设置和教学内容。课程是教育的载体，是学生获取知识和技能的重要途径。因此，课程的设计必须适应社会的发展需求，反映最新的科学技术和文化发展趋势。同时，教学内容应注重学科之间的融合与渗透，培养学生的跨学科思维和解决复杂问题的能力。此外，教育质量的提升还要求教师具备高水平的专业知识和教学技能。教师是教育质量的关键因素，因此，加强教师的培训与发展，提升教师的教学能力和科研水平，是教育领航的重要任务之一。

第二，提升教育质量还需关注学生的个性化发展。传统的教育模式往往以知识传授为主，忽视了学生的个性化发展和差异化需求。教育领航的目标应是通过灵活多样的教学方式，满足学生的个性化学习需求，促进其全面发展。例如，利用信息技术手段，开展个性化的在线学习和辅导，帮助学生根据自己的学习节奏和兴趣进行学习，从而提升学习效果。

第三，提升教育质量还需要建立科学的教育评估体系。评估不仅是对学生学习成果的检验，更是对教育过程的反思和改进。教育领航的目标应包括建立多元化的评估体系，既关注学生的学习成绩，也关注其综合素质和创新能力的培养。同时，评估结果应为教育决策和教学改进提供依据，形成教育质量提升的良性循环。

（二）促进教育公平：教育领航的道德目标

教育公平是社会公平的重要组成部分，是教育领航的道德目标。促进教育公平不仅关系到每个学生的成长与发展，更是社会稳定与和谐的基石。在社会分化日益加剧的今天，教育公平问题日益凸显，成为教育改革中的一个重要议题。

第一，教育领航要实现教育机会的公平。教育机会公平是教育公平的基础，意味着所有学生无论其性别、种族、家庭背景或经济条件，都应享有平等的教育机会。为了实现这一目标，政府应加大对教育资源的投入，特别是向农村和边远地区倾斜，改善教育基础设施，提升师资力量，确保每个孩子都能接受优质教育。此外，教育领航还应重视特殊教育的公平性，确保残障学生和有特殊需求的学生能够获得适合他们的教育服务。

第二，教育领航应致力于过程公平，即在教育过程中为所有学生提供公平的学习条件和支持。教育过程公平不仅涉及教学资源的分配，还包括对教育环境的建设和教学方法的选择。例如，教育领航应倡导小班教学，降低教师与学生的比例，使每个学生都能得到更多的关注和指导。同时，应鼓励教师采用多元化的教学方法，照顾到不同学生的学习风格和需求，避免因单一的教学模式而导致部分学生的学习困难。

第三，教育领航应关注结果公平，即教育成果的公平分配。结果公平不仅指学生学业成绩的公平，也包括其发展机会的公平。在教育领航的框架下，结果公平的实现需要多方面的努力。例如，应建立完善的奖学金和助学金制度，帮助经济困难的学生顺利完成学业；应加强就业指导和职业教育，使学生在毕业后能够获得公平的就业机会。此外，教育领航还应倡导终身教育理念，促进社会各阶层的人都能通过继续教育和职业培训，提升自身素质和竞争力，从而实现个人发展与社会公平的共赢。

（三）培养创新人才：教育领航的战略目标

随着科技的迅猛发展和知识经济的崛起，创新人才的培养已成为国家竞争力的重要标志。教育领航的战略目标之一便是培养具有创新精神和实践能力的高素质人才，为国家的发展提供源源不断的智力支持。

第一，培养创新人才需要改革传统的教育理念和模式。传统教育往往注重知识的传授和记忆，而忽视了学生创新能力的培养。教育领航应倡导以学生为中心的教育理念，鼓励学生独立思考，激发其创新思维。教育模式的改革应包括增加实践课程和项目式学习，培养学生的动手能力和团队合作精神。此外，教育领航还应鼓励跨学科教育，通过多学科的交叉与融合，培养学生的跨界思维和创新能力。

第二，教育领航应重视创新文化的建设。创新文化是创新人才培养的土壤，没有良好的创新文化，创新人才的培养将难以为继。教育领航应在学校和社会中倡导创新精神，营造鼓励创新、宽容失败的文化氛围。例如，学校应设立创新实验室和创业孵化器，为学生提供创新实践的平台和资源。同时，应鼓励教师和学生参与科研项目和创新活动，培养其科研精神和创新能力。

第三，教育领航应建立创新人才的发现与激励机制。创新人才的培养不仅依赖于教育的努力，还需要通过科学的机制来发现和激励。例如，应建立多层次的创新人才选拔体系，通过竞赛、奖项、评选等多种方式，发现具有创新潜质的学生，并为他们提供进一步发展的机会。此外，教育领航还应制定合理的激励政策，鼓励教师开展创新教育，激发其创新教学的积极性。

第二节　教育管理的创新策略

在现代社会，教育管理面临着愈加复杂的挑战，传统的管理模式难以有效应对当前教育环境的多变性和多样性。因此，教育管理的创新策略成为实现教育现代化和科学化的关键所在。以下从制度创新、模式创新、方法创新等方面进行探讨，并分析这些创新策略在推动教育管理现代化过程中的作用，同时探讨实施过程中可能遇到的挑战及其应对措施。

一、制度创新：奠定教育管理的现代化基础

制度创新是教育管理创新的核心环节。传统教育管理制度往往过于僵化，难以适应当今社会快速变化的需求。因此，通过制度创新，建立具有灵活性、适应性强的管理机制，可以有效促进教育管理的现代化。具体而言，制度创新应包括以下面：首先，完善教育管理的法律法规体系。现代教育管理需要一套系统、完善的法律法规作为支撑，以保障教育管理的科学性和公正性。例如，在教育资源的分配、教师评价、学生权益保护等方面，建立健全的法律法规体系，可以确保教育管理的各个环节都有章可循，减少管理过程中的随意性和不确定性。其次，推动学校自主权的扩大。学校作为教育的实施主体，应该在管理制度上拥有更多的自主权，以更好地根据自身实际情况进行管理创新。通过放权赋能，使学校能够自主决策、灵活应对各种教育管理挑战，从而提升整体管理效率。最后，建立科学的评估与反馈机制。在制度创新中，评估与反馈机制的建立尤为重要。通过科学的评估体系，可以及时发现管理中的问题，并通过反馈机制进行调整和改进，确保管理创新的有效实施。

二、模式创新：推动教育管理的现代化转型

随着信息技术的飞速发展，教育管理的模式创新成为推动教育管理现代化的重要途径。模式创新不仅包括管理理念的转变，还涉及管理实践的全面升级。具体而言，模式创新应关注以下方面：首先，推进信息化管理模式。现代教育管理离不开信息技术的支持，通过对信息化管理模式的引入，可以极大提高管理效率。例如，利用大数据分析技术，教育管理者可以更好地了解学生的学习情况和教师的教学效果，从而做出更加科学的决策。同时，在线教育平台的建设，也为教育管理提供了新的手段，使教育资源的分配更加公平和高效。其次，探索合作式管理模式。传统的教育管理往往是单一主体的自上而下的管理模式，而现代教育管理更加强调多主体的合作与协同。通过学校、家长、社区、政府等多方力量的协作，可以形成教育管理的合力，从而更好地应对各种复杂的教育问题。最后，推

行以学生为中心的管理模式。在现代教育管理中，学生不仅是被管理的对象，更应该是管理过程中的主体之一。通过以学生为中心的管理模式，尊重学生的个体差异，关注学生的个性发展，可以有效提升教育管理的质量和效果。

三、方法创新：增强教育管理的科学性

方法创新是教育管理现代化的重要保障。在教育管理实践中，科学的方法是提升管理效果的关键。具体而言，方法创新应注重以下方面：首先，采用数据驱动的决策方法。现代教育管理需要依靠大量的数据进行分析和决策，通过引入数据驱动的方法，可以提高管理决策的科学性和准确性。例如，通过对学生学习数据的分析，可以预测其学习发展趋势，从而采取相应的干预措施，提升教育管理的效果。其次，推广循证管理方法。循证管理方法强调管理决策应基于科学的证据和实证研究。这一方法的推广，可以有效减少教育管理中的盲目性和随意性，提高教育管理的理性程度。通过科学实验和实地调查，收集并分析相关数据，为管理决策提供可靠依据，是循证管理方法的重要体现。最后，探索个性化管理方法。现代教育强调个性化发展，这对教育管理提出了新的要求。通过个性化管理方法，可以针对不同学生和教师的实际情况，制定差异化的管理策略，从而实现管理资源的最优配置。

第三节　教育实践的创新路径

在当今社会的快速发展中，教育实践的创新已成为推动教育质量提升的重要途径。创新不仅是应对全球化挑战的关键，也是满足新时代学生多元化需求的重要手段。以下从教学方法、课程设计、教育技术应用和教育环境营造四个方面，深入探讨教育实践的创新路径，以期为教育改革与发展提供理论支持与实践指导。

一、教学方法的创新

第一，互动式教学方法的应用。互动式教学方法的应用是现代教育中一种富有成效的创新手段。传统教学模式通常以教师为中心，学生被动接受知识，这种方式虽有助于知识的传授，但忽视了学生的主体地位和自主学习能力的发展。互动式教学通过教师与学生之间的双向沟通、师生互动、生生互动，充分激发学生的学习兴趣和参与感。例如，课堂讨论、小组合作学习、角色扮演等互动式教学活动，不仅增强了学生的思维活跃度，还提高了其表达能力和团队合作意识。

第二，个性化教学方法的探索。个性化教学方法的探索是针对学生差异性需求的重要创新实践。每个学生都有其独特的学习方式、兴趣和能力水平，统一的教学模式难以满足个体的成长需求。个性化教学通过差异化的教学策略，关注学生的学习节奏和兴趣点，提供有针对性的教学资源和辅导。例如，基于学生学习风格的教学策略调整、自主学习项目设计和个性化学习路径规划等，都有助于提升学生的学习效率和学习效果，促进其全面发展。

第三，跨学科教学方法的尝试。跨学科教学方法的尝试是打破学科壁垒，实现知识融通的重要创新。传统的学科划分虽然有助于知识的系统化传授，但也容易导致知识碎片化，忽视了学科之间的联系。跨学科教学通过整合不同学科的知识与方法，帮助学生形成多维度的思维能力和综合素养。例如，STEAM 教育模式将科学、技术、工程、艺术和数学等学科有机结合，使学生在跨学科的学习过程中，既能掌握多学科知识，又能培养创新思维和解决实际问题的能力。

二、课程设计的创新

第一，课程内容的更新与优化。课程内容的更新与优化是教育实践创新的重要环节。随着社会的发展和科技的进步，原有的课程内容可能已无法适应新时代的需求。因此，课程内容的更新与优化需要关注知识的前沿性和实用性，确保学生所学内容与时俱进。例如，在信息技术迅猛发展的背景下，将人工智能、大数据等新兴领域的知识引入课程中，不仅拓宽了学生的知识面，还为其未来的职业发展奠定了坚实基础。

第二，课程结构的调整与重构。课程结构的调整与重构是提升课程体系整体效能的关键。传统课程结构往往存在课程内容重复、学科之间关联性弱等问题，影响了学生的全面发展和学科知识的整合。通过对课程结构的重新设计，可以增强课程之间的关联性，促进知识的系统化和整体化。例如，整合基础课程与专业课程，构建跨学科的模块化课程结构，有助于学生在学习过程中逐步深化对知识的理解，培养综合应用能力。

第三，课程评价体系的完善与创新。课程评价体系的完善与创新是课程设计中不可或缺的一环。传统的评价方式多以考试成绩为主，无法全面反映学生的学习过程和实际能力。创新的评价体系应注重过程性评价与终结性评价相结合，通过多元化的评价方式，如项目作业、课堂表现、实践能力等，全面考查学生的学习成效。例如，采用基于大数据的学习分析技术，实时监测学生的学习进展，为个性化教学提供数据支持，有助于提升课程评价的科学性和公平性。

三、教育技术的创新应用

第一，数字化教育资源的开发与利用。数字化教育资源的开发与利用是推动教育信息化的重要手段。随着互联网和移动技术的发展，数字化资源的丰富性和可及性极大地改变了传统的教学模式。通过开发与利用数字化教材、在线课程和开放教育资源等，教师可以为学生提供更多的学习材料和学习机会。例如，利用在线学习平台，学生可以随时随地进行自主学习，这打破了时间和空间的限制，提高了学习的灵活性和自主性。

第二，智能化教育工具的研发与应用。智能化教育工具的研发与应用为个性化教学提供了有力支持。人工智能技术的进步使得教育工具拥有了更强的互动性和适应性，其能够根据学生的学习情况，提供个性化的教学建议和反馈。例如，智能学习系统可以通过分析学生的学习数据，自动调整教学内容和难度，提供有针对性的辅导，进而提高学生的学习效果。此外，智能化教育工具还可以辅助教师进行教学管理和评价，减轻教师的负担，提高教学效率。

第三，虚拟现实技术在教育实践中的应用。虚拟现实技术在教育实践中的应用为学生提供了沉浸式的学习体验。传统教学方式往往受制于时间、空间和资源的限制，而虚拟现实技术通过构建虚拟学习环境，打破了这些限制，为学生提供了更加生动和直观的学习体验。例如，在历史教学中，学生可以通过虚拟现实技术"亲临"历史场景，增强对历史事件的理解；在医学教学中，学生可以通过虚拟现实技术进行模拟手术操作，提高实践技能。

四、教育环境的创新营造

第一，学习空间的优化与改造。学习空间的优化与改造是提升教育质量的重要因素。传统的教室布局往往单一，难以满足现代教育对学习环境的多样化需求。通过对学习空间的优化和改造，可以为学生提供更加灵活、多样和互动性强的学习环境。例如，开放式学习空间的设计不仅有助于学生进行合作学习和交流，还可以激发学生的创造力和自主学习能力。此外，现代化的学习空间还应注重信息化设施的配置，为数字化学习提供支持。

第二，校园文化氛围的营造与提升。校园文化氛围的营造与提升是塑造学生价值观和行为规范的重要途径。一个积极向上的校园文化可以激励学生努力学习，培养其正确的价值观和社会责任感。通过开展丰富多彩的校园文化活动、建设校园文化阵地、传播正能量等方式，可以增强校园文化的感染力和影响力。例如，通过组织学术讲座、文化艺术节、志愿服务活动等，使学生在参与中增强文化认同感和社会责任感，形成良好的校园风气。

第三，教育生态系统的构建与完善。教育生态系统的构建与完善是实现教育可持续发展的基础。一个健康的教育生态系统应包括多层次、多主体的互动和协同。通过构建以学生为中心，学校、家庭、社会共同参与的教育生态系统，可以为学生的全面发展提供更为广阔的平台。例如，学校应加强与家庭和社区的合作，共同参与学生的教育过程，形成教育合力；政府和企业也应积极参与教育生态系统的建设，提供资源支持和实践机会，促进教育与社会的良性互动。

第四节　教育领航的保障体系与支撑条件

一、教育领航的保障体系

（一）教育领航保障体系的核心要素

1. 组织结构保障

（1）教育管理机构的设置与职能。在现代教育体系中，组织结构的合理设置是教育领航保障体系的基石。教育管理机构作为教育治理的主要执行主体，其设置与职能直接关系到教育目标的实现与教育政策的有效实施。首先，教育管理机构的层级应当明确，从国家级教育部到地方教育局，各级管理机构应分工明确、权责清晰，以确保教育政策的统一性与连贯性。此外，教育管理机构还应在组织设置上体现灵活性和适应性，以应对不断变化的教育环境和社会需求。例如，随着教育信息化的发展，专门负责信息技术与教育融合的部门应当成立，并与传统的教育管理部门密切合作，确保信息技术在教育中的有效应用。其次，教育管理机构的职能应当涵盖政策制定、资源配置、监督管理以及教育评估等多个方面。在政策制定层面，教育管理机构应负责研究教育发展的趋势，制定符合国家战略需求的教育政策，确保教育的公平性与质量。在资源配置层面，管理机构需要有效分配教育经费、师资力量以及教学设备，以最大限度地发挥教育资源的效用。在监督管理层面，教育管理机构需通过科学合理的监督机制，确保各类教育政策的执行力和效果。同时，在教育评估方面，管理机构应当建立完善的评估体系，对教育的质量与效果进行持续监测和评估，以实现教育质量的不断提升。

（2）跨部门协作机制的建立。在教育管理过程中，单一部门的力量往往难以应对复杂多变的教育需求，因此，跨部门协作机制的建立显得尤为重要。这一机制的核心在于打破传统的部门界限，通过资源共享、信息互通与合作共建，实现教育治理的整体优化。首先，跨部门协作应包括教育部门与财政、科技、文化、卫生等相关部门之间的合作，以保障教育政策在各领域的联动实施。例如，在推进素质教育的过程中，文化部门可以提供丰富的文化资源支持，科技部门可以促进教育信息化的发展，卫生部门则可为学校的健康教育与卫生管理提供技术支持。其次，跨部门协作机制的有效运作离不开明确的合作框架与协调机制。各部门应通过定期的联席会议、联合调研等形式，深入了解教育改革的需求与挑战，共同制定相应的政策与措施。此外，还需建立信息共享平台，使各部门能够实时了解教育领域的最新动态与数据，从而实现政策的科学制定与精准施策。通过这些措施，跨部门协作机制能够有效提升教育管理的整体效率与政策执行的效果。

2. 经费投入保障

（1）教育经费的来源与管理。教育经费的充足与否直接决定了教育政策的实施效果与教育质量的提升。首先，教育经费的来源应多样化，除了国家财政拨款外，还应积极探索社会捐助、国际援助、校企合作等多渠道的资金来源，以增加教育经费的总量。在国家财政投入方面，政府应当根据教育发展的实际需求，逐年增加教育经费的预算，以确保教育的可持续发展。同时，在社会捐助与校企合作方面，教育管理机构需制定相应的激励政策，如税收减免、荣誉称号等，以鼓励社会各界积极参与对教育事业的资助与支持。其次，教育经费的管理应当科学透明与高效。管理机构应制定严格的经费管理制度，对经费的使用范围、使用程序以及使用效果进行详细规定与监督。在此基础上，应加强对经费使用的审计与评估，确保每一笔经费都用于真正的教育发展项目，并取得预期的效果。例如，在经费用于教学设备采购时，应优先考虑设备的实用性与教学效果，同时避免重复采购与资源浪费。

（2）经费使用的监督与评估。为确保教育经费的有效使用，建立完善的监督与评估机制是必要的。首先，监督机制应当覆盖经费使用的全过程，从预算编制、资金拨付到实际使用，均需有相应的监督措施。例如，在预算编制阶段，应广泛征求教育专家与学校的意见，确保预算的科学性与合理性。在资金拨付阶段，应设立专门的监督小组，对资金的流向与使用情况进行实时监控，防止资金被挪用或滥用。此外，评估机制则应关注经费使用的效果与效率。评估的核心在于确定经费使用是否达到了预期的教育目标，以及是否以最小的成本实现了最大的教育效益。为此，管理机构应制定一套科学的评估标准，涵盖资金使用的具体效果、资金使用的效率以及资金使用的透明度等多个方面。同时，评估结果应当及时反馈给相关部门，并作为未来经费分配与管理的重要依据，以不断优化经费的使用效果与管理水平。

3. 教学质量保障

（1）教学质量标准与评价体系。教学质量是教育领航的核心目标，而建立科学、全面的教学质量标准与评价体系，是保障教学质量的关键。首先，教学质量标准应当结合国家教育方针与时代发展需求，明确各级各类教育的培养目标、课程设置与教学要求。教学质量标准的制定不仅应考虑学生的知识掌握情况，还应涵盖学生的综合素质、创新能力与社会适应能力的培养。例如，在大学教育中，除了强调学生的专业知识与技能外，还应重视学生的批判性思维、团队合作与实践能力的培养。

在此基础上，教学质量评价体系应当多元化与全面化。传统的考试成绩虽然仍是评价教学质量的重要指标，但其局限性也日益显现。因此，教学质量评价应引入多维度的评价指标，如课堂参与度、学生作业质量、教师教学方法、课程内容的前沿性与实用性等。此外，还应重视学生的自我评价与同伴评价，借此全面了解学生的学习体验与需求，为改进教学质量提供科学依据。

（2）教师队伍的建设与发展。教师是教学质量保障的核心要素，因此，教师队伍的建设与发展至关重要。首先，教师队伍的建设应注重师资的多元化与专业化。在招聘教师时，教育机构应考虑教师的学科背景、教学经验与科研能力，以确保教师团队的综合实力。同时，还应注重教师的国际视野与跨文化沟通能力，尤其是在高等教育领域，国际化师资的引入将有助于提升教学质量与国际竞争力。其次，教师的专业发展需要得到持续的支持与保障。教育机构应为教师提供丰富的职业发展机会，如定期的教学研讨会、教育技术培训与国际学术交流等，以不断提升教师的教学能力与专业水平。此外，还应建立有效的教师激励机制，通过评优奖励、职称晋升与科研支持等手段，激发教师的工作热情与教学创新能力。通过这些措施，教育领航的保障体系才能真正实现教学质量的持续提升。

4. 信息技术保障

（1）信息技术在教育中的应用。随着信息技术的迅猛发展，信息技术在教育中的应用已经成为不可或缺的一部分。首先，信息技术的应用可以大大提升教学效率与教学效果。例如，通过电子教学平台，教师可以更加便捷地进行课程管理、学生互动与教学资源的共享，使学生的学习过程更加灵活与自主。同时，信息技术还可以通过数据分析与人工智能技术，为个性化教学提供支持，帮助教师根据学生的学习数据制定个性化的教学方案，以提升学生的学习效果。

此外，信息技术在教育管理中的应用同样重要。通过建立教育信息化管理平台，教育管理机构可以实时掌握学校的教学运行状况、教师的教学活动与学生的学习进展，从而实现对教育过程的动态管理与监督。这不仅有助于提高教育管理的效率与精准度，还能为教育决策提供科学的数据支持。例如，教育管理者可以通过分析学生的学习数据，发现教学过程中的问题与不足，及时调整教学策略与管理措施，以确保教育目标的实现。

（2）教育信息化平台的建设与维护。教育信息化平台的建设与维护是信息技术保障的关键环节。首先，教育信息化平台的建设应当遵循系统化、科学化与适应性原则。系统化指的是信息化平台应当涵盖教育管理、教学活动与学生服务等多个方面，形成一个完整的教育信息生态系统。科学化要求平台的设计与功能应当符合教育发展的实际需求，具有良好的用户体验与操作便捷性。适应性则意味着平台应具备良好的扩展性与灵活性，以应对未来可能的技术更新与教育需求变化。其次，教育信息化平台的维护同样重要。平台的稳定性与安全性直接关系到教育信息的传递与教育活动的正常进行。因此，教育管理机构应建立专业的技术团队，负责信息化平台的日常维护与技术支持。同时，应定期对平台进行安全检查与系统更新，确保平台的正常运行与数据的安全性。此外，还需制定相应的应急预案，以应对可能出现的技术故障与网络安全威胁，确保教育信息化平台的长期稳定运行。

（二）教育领航保障体系的实施策略

1. 组织结构的优化方案

（1）教育管理机构的改革与创新。在教育管理的现代化进程中，教育管理机构的改革与创新是提升教育管理效能的关键途径。首先，教育管理机构的改革应以简政放权为核心，减少行政层级与审批环节，将更多的管理权限下放至基层教育单位与学校，使其能够根据实际情况自主决策与管理。这不仅有助于提高教育管理的效率，还能更好地满足学校的个性化需求。例如，学校在课程设置与教师管理方面，应该拥有更大的自主权，以灵活应对教学中的各种挑战。其次，教育管理机构的创新应体现在组织结构与工作方式上。随着教育信息化的发展，教育管理机构应加快数字化转型步伐，构建以数据为驱动的管理模式。例如，通过建立教育大数据中心，管理机构可以实时获取并分析教育运行数据，为决策提供科学依据。同时，还应积极探索教育管理的智能化路径，利用人工智能技术实现教育政策的自动化管理与实施，提高教育管理的精准性与效率。

（2）跨部门协作机制的实践探索。跨部门协作机制的实施是教育管理创新的重要组成部分。在实践过程中，跨部门协作应注重机制的灵活性与操作性。例如，在推进教育改革的过程中，各相关部门应以项目制为基础，联合成立专项工作小组，集中各方资源与力量，推动教育改革项目的顺利实施。同时，应建立跨部门的信息共享机制，各部门之间应定期交换数据与信息，确保教育政策在不同领域的协调与统一。

此外，跨部门协作机制的实践还应注重协调与沟通机制的建设。各部门应定期召开联席会议，沟通工作进展与存在的问题，及时调整合作策略与工作计划。同时，还应建立联络员制度，各部门指定专人负责跨部门协作的日常联系与协调工作，以提高协作的效率与效果。通过这些措施，跨部门协作机制将更好地发挥其在教育领航保障体系中的作用。

2. 经费投入的有效管理

（1）经费分配的公平与效率。教育经费的分配是教育管理中的重要环节，其公平性与效率直接影响教育资源的利用效果与教育发展的平衡性。首先，经费分配的公平性应体现在区域之间、学校之间的资源分配上。为缩小城乡教育差距与区域教育发展不均衡问题，国家应加大对贫困地区与农村学校的教育经费投入，确保这些地区的学校能够获得足够的教育资源，提升教育质量。

此外，经费分配的效率应体现在资金使用的精准性与时效性上。教育管理机构应根据学校的实际需求与发展规划，制定科学的经费分配方案，确保资金能够迅速到位并用于最需要的地方。例如，在推进信息化教育的过程中，教育经费应优先用于设备的购置与平台的建设，确保学校的信息化教学能够顺利开展。同时，还应加快资金的审批与拨付流程，减少资金滞留与浪费，确保教育项目的顺利实施。

（2）经费使用的透明化与公开化。为了确保教育经费的合理使用与管理，透明化与公开化是必要的保障措施。首先，教育管理机构应建立健全的经费使用公示制度，定期公布各类教育经费的使用情况，包括资金的来源、用途以及使用效果等信息。这不仅有助于提高教育经费使用的透明度，还能增强社会各界对教育管理工作的信任与支持。其次，教育经费的使用应接受广泛的社会监督。教育管理机构应鼓励学生、家长、教师以及社会公众参与经费使用的监督，及时反馈意见与建议。例如，可以通过设立意见箱、开通投诉热线或举办听证会等形式，收集各方对经费使用的看法，并及时作出回应与调整。此外，还应建立独立的审计机构，对教育经费的使用进行定期审查，确保资金的合法性与合理性。通过这些措施，教育经费的使用将更加公开透明，并能进一步提升教育管理的科学性与公信力。

3. 教学质量的持续提升

（1）教学质量评价体系的完善。教学质量评价体系是保障教学质量的重要手段，其完善与否直接影响教育目标的实现。首先，评价体系的完善应从评价指标的多元化入手。传统的评价方式多以学生的考试成绩为主，但这一方式往往无法全面反映学生的综合素质与学习效果。因此，评价体系应引入更多维度的评价指标，如学生的课堂表现、作业质量、合作能力、创新意识等，形成全面的教学质量评价体系。

此外，评价体系的完善还应体现在评价方法的科学性与操作性上。例如，在评价教师的教学质量时，除了学生的反馈与考试成绩外，还应结合同行评议、课堂观察、教学资料分析等多种方法，以确保评价结果的客观性与公正性。同时，教育管理机构应根据不同教育阶段与学科特点，制定相应的评价标准与方法，确保评价体系的科学性与适用性。

（2）教师专业发展与激励机制。教师专业发展的持续提升是教学质量保障的重要基础。首先，教育管理机构应为教师提供丰富的专业发展机会，包括进修培训、学术交流、教学研讨等，以不断提升教师的教学能力与学术水平。例如，可以组织教师参加国内外的教育论坛与学术会议，了解最新的教育理念与教学方法，并将其应用于实际教学中。

此外，教师的激励机制也是提升教学质量的重要手段。教育管理机构应建立有效的激励机制，通过职称评定、绩效考核、奖励制度等手段，激发教师的工作热情与创新能力。例如，可以设立优秀教师奖、教学创新奖等，表彰在教学中表现突出的教师，并给予相应的物质与精神奖励。同时，还应通过职称晋升、科研支持等方式，鼓励教师不断提高教学水平与科研能力，为教学质量的持续提升提供动力。

4. 信息技术的深度融合

（1）信息技术与教学模式的创新。信息技术的深度融合是现代教育发展的重要方向，其在教学模式创新中的应用尤为关键。首先，信息技术可以为教学模式的多样化与个性化提供支持。例如，通过在线学习平台，教师可以为学生提供多样化的学习资源与个性化的学习计划，使学生能够根据自己的学习节奏与需求，自主选择学习内容与方式。此外，信息技术还可以通过虚拟现实（VR）、增强现实（AR）等技术，丰富教学的互动性与沉浸感，提升学生的学习体验与效果。其次，信息技术的应用还可以推动教学方法的变革。例如，利用大数据技术，教师可以实时分析学生的学习行为与学习效果，及时调整教学内容与方法，以提高教学的针对性与有效性。同时，信息技术还可以通过翻转课堂、在线讨论、远程教学等方式，打破传统课堂的时空限制，促进教学模式的创新与发展。

（2）教育信息化平台的优化与升级。教育信息化平台的优化与升级是信息技术深度融合的基础。首先，平台的优化应注重用户体验与操作便捷性。教育管理机构应定期对平台进行用户调研与数据分析，了解教师与学生的使用需求与反馈，不断改进平台的功能与界面设计，以提高用户的满意度与使用率。其次，教育信息化平台的升级应紧跟技术发展趋势，及时引入最新的信息技术与教育资源。例如，可以将人工智能技术引入平台，开发智能教学助手，为教师提供教学辅助与学生评估支持。同时，还应加强平台的安全性与稳定性，通过定期的系统升级与安全检查，确保平台的正常运行与数据的安全保障。通过这些措施，教育信息化平台将更好地服务于教育教学，推动信息技术在教育中的深度融合与应用。

（三）教育领航保障体系的评估与改进

1. 评估指标体系的构建

（1）定量指标与定性指标的结合。在教育领航保障体系的评估过程中，构建科学合理的评估指标体系是评估工作的核心。首先，评估指标体系应当结合定量指标与定性指标，以全面反映保障体系的运行效果。定量指标如经费投入比例、师资队伍数量、教学设备使用率等，能够提供客观的数据信息，反映保障体系的具体成效；而定性指标如教学质量提升、教师满意度、学生学习体验等，则能够提供更为深入的质性分析，揭示保障体系的实际影响与改进空间。其次，评估指标的设定应当考虑不同教育阶段与领域的特点。对于基础教育与高等教育，其评估重点与难点存在差异，因而需要设置不同的评估指标。例如，在基础教育中，可以更注重学生的学业进步与身心发展，而在高等教育中，则应更加关注学生的学术成果、科研水平与对其创新能力的培养。通过这些措施，评估指标体系将更具科学性与适用性。

（2）评估指标的科学性与可操作性。在评估指标体系的构建过程中，科学性与可操作性是两个关键的考量因素。首先，科学性要求评估指标的设定必须基于教育学、管理学等相关理论与实践经验。例如，在评估教师队伍的建设时，应考虑教师的学历水平、教学经验、专业素养等多个方面，确保评估结果的客观性与全面性。此外，评估指标的选择还应基于数据的可获得性与准确性，确保评估工作能够顺利进行并提供有价值的结论。

可操作性则要求评估指标的设计简洁明了，易于实施与监控。例如，定量指标的设定应避免过于复杂与烦琐，尽量采用直观、易懂的衡量标准，如百分比、分数等。同时，定性指标的设定应具有明确的评估标准与评分细则，确保评估人员在实际操作中能够准确把握评估对象的表现与效果。通过这些措施，评估指标体系的可操作性将大大增强，并为教育领航保障体系的有效评估奠定基础。

2. 评估方法的选择与应用

（1）定量分析与定性分析的结合。在教育领航保障体系的评估过程中，定量分析与定性分析的结合是评估方法选择的关键。

第一，定量分析可以通过数据统计与量化研究，揭示保障体系的运行效率与资源配置情况。例如，通过分析教育经费的投入比例与使用效益，可以量化保障体系的资金管理水平与资金利用效果。同时，定量分析还可以通过对比分析与趋势分析，揭示保障体系在不同时间段与不同区域的表现差异，为政策调整与资源分配提供科学依据。

第二，定性分析则注重对保障体系运行过程的深度挖掘与质性描述。例如，通过访谈、问卷调查等方法，可以深入了解教师与学生对保障体系的满意度与改进建议，揭示保障体系在实施过程中存在的问题与挑战。同时，定性分析还可以通过案例研究与实践探索，挖掘成功经验与典型案例，为其他地区与学校提供借鉴与参考。通过定量分析与定性分析的有机结合，评估方法的综合性与科学性将得到有效提升。

（2）评估方法的多元化与综合性。在评估方法的选择与应用过程中，多元化与综合性是提高评估效能的重要途径。首先，评估方法的多元化要求评估工作应采用多种评估手段与技术，以全面覆盖保障体系的各个方面。例如，在评估教学质量保障时，可以采用课堂观察、学生反馈、教学录像分析等多种方法，以确保评估结果的全面性与准确性。同时，在评估经费投入保障时，可以结合财务审计、资金流向分析、使用效果评估等多种手段，以揭示经费使用的效率与透明度。其次，综合性则要求评估方法的选择应考虑不同维度与层次的因素。例如，在评估信息技术保障时，不仅要考虑信息化平台的技术性能与运行效率，还应评估信息技术对教学质量提升的实际贡献与影响。此外，在评估组织结构保障时，不仅要关注机构设置与职能分配，还应评估跨部门协作机制的实际运行效果与部门间的协同性。通过这些措施，评估方法的多元化与综合性将有效提升评估工作的科学性与全面性，为教育领航保障体系的优化与改进提供有力支持。

3. 评估结果的反馈与改进

（1）评估结果的解读与分析。在教育领航保障体系的评估过程中，对评估结果的解读与分析是评估工作的关键环节。首先，对评估结果的解读应当基于数据与事实，确保分析的客观性与科学性。例如，在解读经费使用情况时，应通过数据对比与趋势分析，揭示资金投入与使用的合理性与效果。同时，还应结合具体的教育背景与政策环境，分析保障体系运行中存在的优劣势，找出问题的根源与改进的方向。其次，评估结果的分析应注重对问题的识别与对经验的总结。在分析保障体系的运行效果时，不仅要揭示存在的问题与不足，还应总结成功的经验与做法，为其他地区与学校提供参考与借鉴。例如，在分析教学质量保障时，可以总结出成功的教学方法与管理模式，并推广应用到其他学校与地区。同时，还应结合评估结果，提出改进建议与政策调整方案，为保障体系的优化与提升提供科学依据。

（2）改进措施的制定与实施。在教育领航保障体系的评估结束后，改进措施的制定与实施是确保体系优化与提升的关键步骤。首先，改进措施的制定应基于评估结果与分析结论，确保措施的针对性与有效性。例如，在发现经费使用存在浪费现象后，可以制定更为严格的资金管理制度与审批流程，以提高经费使用的效率与透明度。同时，在教学质量保障中，如果发现教师专业发展存在短板，可以制定更加完善的教师培训计划与激励机制，以提升教师的教学能力与学术水平。

此外，改进措施的实施应注重措施的可行性与可操作性。教育管理机构应根据改进措施的具体要求，制定详细的实施方案与工作计划，确保改进工作的顺利推进与落实。例如，在信息技术保障中，如果发现信息化平台的技术支持不足，可以制定相应的技术升级计划与维护方案，确保平台的稳定运行与技术支持的到位。同时，还应建立改进措施的监督与反馈机制，确保改进工作的持续推进与不断优化。通过这些措施，教育领航保障体系的改进与提升将更加科学、有效，为教育事业的持续发展提供有力保障。

二、教育领航的支撑条件

教育作为社会发展的基础和未来建设的重要组成部分，其作用不言而喻。然而，教育的发展与变革并非孤立存在，而是深受外部环境的影响。因此，探讨教育领航的支撑条件，分析如何构建有利于教育领航的内外环境，是推动教育管理与实践创新的重要路径。以下从社会环境、科技发展水平等外部条件出发，深入研究教育领航的支撑条件，并提出相应的构建策略，以期为教育的未来发展提供理论支持和实践指导。

（一）社会环境对教育领航的影响

1. 政策导向与教育领航

社会环境中的政策导向对教育领航具有直接而深远的影响。教育政策是国家宏观调控教育发展的重要手段，其内容和方向决定了教育发展的基本路径。首先，国家对教育的重视程度和政策倾斜直接影响教育资源的分配与使用。政策的支持能够为教育改革提供必要的资源保障，如财政投入、教师培训、基础设施建设等，这些都是教育领航的重要物质基础。其次，教育政策的连贯性和前瞻性对教育领航具有指导意义。在全球化和信息化的背景下，教育政策的制定应具有前瞻性，以应对未来可能出现的社会需求变化。例如，国家教育政策的国际化视野和对科技教育的重视，都能为教育领航提供战略性的指导方针。

2. 社会文化与教育领航

社会文化作为社会环境的重要组成部分，也对教育领航起着潜移默化的影响作用。首先，社会对教育的认知与价值观决定了教育发展的方向。在重视知识与创新的社会文化氛围中，教育往往被视为个人成长和社会进步的重要途径。因此，社会对教育的期望与需求也会通过教育改革和创新实践体现在教育体系中。其次，社会文化的多样性对教育领航提出了新的挑战与机遇。全球化进程的加快使得不同文化之间的交流与融合成为必然趋势，这要求教育体系能够包容和理解多元文化，以培养具备全球视野和跨文化能力的人才。在此背景下，教育领航需要在传统教育理念的基础上，融入多元文化教育的内容与方法，以应对全球化带来的教育需求变化。

3. 经济发展水平与教育领航

经济发展水平是社会环境的重要指标之一，也是教育领航的重要支撑条件。经济的繁荣为教育提供了充足的物质基础和发展空间。首先，经济的发展能够为教育领域带来更多的资金投入，用于改善教育基础设施、提高教师待遇、推动教育科研等方面。这些物质条件的改善直接关系到教育质量的提升和教育目标的实现。其次，经济发展水平决定了社会对教育的需求结构。在经济快速发展的社会中，知识经济和信息经济成为主导，社会对高素质、高技能人才的需求将不断增加。这种需求反过来推动了教育改革的进程，要求教育体系不断调整和创新，以培养适应社会经济发展的复合型人才。因此，教育领航需要在经济发展的推动下，紧密结合社会需求，不断优化教育内容和形式，以实现教育的可持续发展。

（二）科技发展水平对教育领航的影响

科技发展水平对教育领航的影响是一个具有深远意义的话题。在当今时代，科技不仅仅是生产力发展的重要推动力，更成为了教育领域变革的核心因素。随着信息技术的迅猛发展，教育模式、教学方法、学习资源等方面都发生了翻天覆地的变化，科技已然成为教育现代化进程中的重要引擎。以下将从教育资源的普及、教学模式的创新、教师素质的提升以及学生学习方式的变革等方面探讨科技发展水平对教育领航的深远影响。

第一，科技的发展极大地推动了教育资源的普及与共享。在传统的教育模式下，教育资源的获取往往受限于地理位置、经济条件等因素，偏远地区和经济欠发达地区的学生难以享受到优质的教育资源。然而，随着科技的进步，特别是互联网的普及和在线教育平台的兴起，教育资源的地域限制得以突破，优质的教学资源可以通过网络传递到世界的每一个角落。例如，慕课（MOOC）这一新型教学模式的兴起，使得世界顶尖高校的课程可以向全球开放，任何一名拥有互联网连接的学生都可以免费或低成本地获取这些资源。这种资源的普及不仅有助于缩小教育不平等的差距，也为全球教育的协同发展提供了新的契机。

第二，科技的发展促进了教学模式的创新，为教育领航注入了新的活力。传统的教学模式以教师为中心，学生在课堂上主要扮演被动接受知识的角色，教学过程单向且缺乏互动。然而，信息技术的发展，尤其是人工智能、大数据等技术的应用，为教学模式的创新提供了新的可能性。例如，基于大数据的学习分析技术可以帮助教师了解学生的学习行为和学习效果，从而实现因材施教、个性化教学。此外，虚拟现实（VR）和增强现实（AR）技术的应用，使得教学内容更加生动、直观，学生可以在虚拟环境中进行模拟实验，参与虚拟场景的互动，从而提升学习效果和学习兴趣。这些创新的教学模式极大地改变了传统课堂的面貌，使得教学过程更加灵活、多样化。

第三，科技的发展有助于提升教师的素质和教学能力。在传统的教育模式中，教师的教学能力往往依赖于个人经验的积累和专业知识的更新，但这种方式有时难以跟上科技发展的步伐。信息技术的发展为教师提供了更多的学习和培训机会。例如，在线研讨会、远程培训课程等形式使得教师能够随时随地进行专业提升。此外，人工智能技术的应用也使得教师的教学工作得到了有力的支持。例如，智能教学助手可以帮助教师进行教学设计、作业批改等工作，从而使教师有更多的时间和精力投入到教学研究和对个别学生的辅导中。这些技术手段的应用不仅提升了教师的教学效率，也促进了教师专业素质的全面提升，为教育领航提供了强有力的人才支持。

第四，科技的发展改变了学生的学习方式和学习体验。在传统教育模式中，学生的学习主要依赖于课本和课堂教学，学习方式较为单一，学习体验也较为被动。然而，随着科技的发展，尤其是移动互联网、智能设备的普及，学生的学习方式变得更加灵活、多样化。例如，学生可以通过在线学习平台自主选择学习内容和学习进度，实现个性化学习。翻转课堂这一教学模式的兴起也使得学生的学习体验得到了极大的提升，学生可以在课前通过视频学习基础知识，课堂上则通过与教师和同学的互动来深化理解和应用知识。这种以学生为中心的学习方式不仅提高了学生的学习积极性和主动性，也促进了学生的批判性思维和问题解决能力的发展。

（三）构建有利于教育领航的内外环境

1. 政策保障与教育领航

为了构建有利于教育领航的环境，首先需要在政策层面提供有力的保障。国家应制定长期且具有前瞻性的教育发展规划，为教育领航提供明确的方向和政策支持。在政策执行过程中，应注重政策的连续性和协调性，避免因政策变动而导致教育改革的中断或方向偏离。

此外，国家应加大对教育的财政投入，特别是对基础教育、职业教育和高等教育的支持力度，以保证教育资源的公平分配和有效使用。同时，应加强对教育科研的投入，支持教育技术的研发和应用，为教育领航提供技术支持和智力保障。

2. 社会支持与教育领航

社会支持是构建有利于教育领航环境的重要组成部分。首先，社会应形成尊师重教的良好氛围，提高教师的社会地位和职业荣誉感，激励教师不断提高自身素质和教学水平。这不仅有助于吸引更多优秀人才投身教育事业，也有助于提高整体教育质量。其次，社会各界应积极参与和支持教育发展。企业可以通过捐资助学、校企合作等方式，为教育发展提供资金和技术支持；社区和家庭可以通过参与学校教育活动、加强家庭教育等途径，支持和配合学校教育，共同为学生的全面发展创造良好的环境。

3. 技术支撑与教育领航

科技进步为教育领航提供了强大的技术支撑。为了更好地利用科技发展带来的机遇，教育领域应加快教育信息化建设，推动信息技术在教学、管理和服务中的广泛应用。学校可以通过建设智能校园、推广在线教育平台等方式，提升教育的现代化水平。

此外，应加强对教师的技术培训，提高教师的信息素养和技术应用能力，使教师能够熟练运用现代教育技术，开展高效的教学活动。同时，应鼓励教育科研机构和科技企业合作，研发更加智能化、个性化的教育工具和平台，以适应未来教育发展的需求。

第五节　智慧教育领航教育信息化的实践创新

一、对智慧教育的认知

"随着教育信息化建设的加快推进和技术的快速更迭，智慧教育被赋予了更加丰富的时代意义。"[①]智慧教育是在信息化基础上建构的教育新秩序和新形态，旨在践行智慧教育理念，利用信息技术手段构建智慧学习环境、运用智慧教学法、促进学习者开展智慧学习，从而培养具有高阶思维能力和较强问题解决能力的智慧型学生。智慧教育是在"时代催化剂"的作用下与教育教学发展产生的"化学反应"，而不是"物理变化"。

（一）智慧教育与相关概念

1. 数字教育与智慧教育

数字教育是信息化环境下形成的基于各种数字技术的新型教育形态。数字教育的发展目标是通过多媒体技术、数字化资源、专题网站等信息化形式开展教育活动，从而提高教育教学质量和效率。数字教育作为传递知识的媒介和工具辅助教师和学习者实现学习目标。

智慧教育作为数字教育的高级发展阶段，整合了云计算、大数据、虚拟现实、物联网等新型信息技术，为学习者提供动态生成、持续进化的开放性资源，同时，根据教育教学应用情况配套环境与管控，满足学习者个性化的学习需求，真正构建以学习者为中心的智能化生态环境。

2. 智能教育与智慧教育

智能教育是技术赋能的教育，其核心主要体现在三个方面：一是计算智能的

---

① 鲁文晓.智慧教育领航教育信息化变革与创新[J].黑龙江教师发展学院学报，2023，42（2）：148.

数据分析决策；二是感知智能的人机自然交互；三是认知智能的教育角色模仿。智能不等于智慧，我们无法将技术或工具作为改革创新的突破口来实现一种理想的教育形态，智能教育始终无法成为教育的核心。

智慧教育强调遵循教育规律，以教育教学体系和制度为基础，整合思想、规则、方法与工具，人机协同发展，充分借助智能设备准确、高效、定量的优势，为人类提供信息帮助和反馈，来提高人的思维效率，从而增强人的智慧。智能教育和智慧教育的关联是一致的智能新结构，智能教育是智慧教育创新发展的实践路径。

（二）智慧教育的内在特征

"智慧教育是适应信息社会发展需要的高度发达的教育形态，具备公平性、终身性、创新性、开放性、个性化等多个教育现代化的核心特征。同时，智慧教育依托物联网、云计算、无线通信等新一代信息技术构建的智慧教育环境，具有情感感知、无缝连接、智能交互、智能管控、按需推送、可视化的技术特征"[①]。主要探讨智慧教育等技术特征。从技术的视角来看，智慧教育是一个集约化的信息系统工程，其核心技术特征如下。

1. 情境感知的特征

情境感知作为智慧教育的核心特征之一，扮演着连接虚拟与现实、技术与教育之间的桥梁角色。它通过对环境和个体状态的全面感知，为个性化、精细化的教育服务奠定了坚实的基础。情境感知技术不仅涉及外部环境的数据采集，还包括对学习者内在状态的精准检测，从而实现对教育情境的全方位把握。在这一过程中，情境感知展现出其独有的特征。

（1）情境感知具有高度的实时性和动态性。情境感知系统通过各类传感器、量表等技术手段，实时捕捉教学环境和学习者状态的变化。这种动态捕捉能力使得教育系统能够根据实时数据调整教学策略，例如在教室内实时监控温度、湿度、光线等环境参数，并根据学习者的即时反馈，自动调节教室的环境设置，如调节

---

① 朱锦龙.智慧教学平台建设与智慧课堂教学模式研究[M].长春：吉林文史出版社，2021：7.

灯光亮度、调控空调温度、优化通风系统等，以确保学习环境处于最佳状态。这种实时性的感知能力，使教育场景的调整不再是滞后的反应，而是基于当前数据的及时响应，从而提高了学习效率和教育质量。

（2）情境感知具有强大的个性化特征。在智慧教育中，每个学习者都是独立的个体，其学习风格、认知方式、情感状态以及知识背景都不尽相同。情境感知技术通过对这些个体差异的深入感知，为教育系统提供了个性化推送服务的基础。例如，通过感知学习者的焦虑、烦躁等情绪状态，系统可以实时调整教学节奏或推送适应性强的学习内容，从而缓解学生的负面情绪，增强其学习效果。此外，情境感知还能够识别学习者的知识缺陷和认知风格，进而为其推送个性化的学习资源。这种个性化的教育服务，不仅尊重了学习者的个体差异，还能有效提升学习者的学习动机和学习效果。

（3）情境感知还体现出高度的关联性和系统性。情境感知并非单一的感知活动，而是通过多种感知技术的协同作用，实现对教学情境的全方位感知。例如，在课堂教学中，系统不仅需要感知教室的物理环境，如温度、湿度、噪声等，还需要同时感知学习者的心理状态和学习行为。这种多维度的感知活动需要各类传感器、量表及算法的协同工作，才能对教学情境形成完整、系统的认识。此外，这种系统性还体现在情境感知技术对数据的综合处理能力上，情境感知系统需要将各类感知数据进行整合分析，进而为教学策略的调整提供科学依据。

（4）情境感知具有高度的预见性。情境感知系统不仅关注当前的教学情境，还能够通过大数据分析和机器学习算法，对未来的教学情境进行预测。例如，通过对学习者历史学习数据的分析，系统可以预测其可能遇到的知识难点或情绪波动，并提前推送相关学习资源或情感调节建议。这种预见性使得教育服务能够超前于问题的发生，从而提高教育的前瞻性和有效性。

2. 无缝连接的特征

泛在网络是智慧教育开展的基础，基于泛在网络的无缝连接是智慧教育的基本特征。无缝连接具体体现在以下方面：①系统集成：遵循技术标准，在跨级、跨域教育服务平台之间实现数据共享、系统集成。②虚实融合：通过增强现实等技术实现物理环境与虚拟环境的无缝融合。③多终端访问：支持任何常用终端设备无缝连接到各种教育信息系统，无缝获取学习资源与服务。④无缝切换：学习者的多个学习终端之间实现数据同步、无缝切换，学习过程实现无缝迁移。⑤连接社群：为特定学习情景建立学习社群，为学习者有效连接和利用学习社群进行沟通和交流提供支持。

3. 全向交互的特征

教与学活动的本质是交互，智慧教育系统支持全方位的交互，包括人与人之间的交互以及人与物之间的交互。全方位交互具体体现在以下方面：①自然交互：通过语音、手势等更加自然的操作方式与媒体、系统进行交互。②深度互动：实现师生之间、生生之间的随时随地的互动交流，促使深层学习发生。③过程记录：自动记录教与学互动的全过程，为智慧教育管理与决策提供数据支持。

4. 智能管控的特征

教育环境、教育资源、教育服务等的智能管理是智慧教育的核心特征。智能管控具体体现在以下方面：①智能控制：基于标准协议，实现信息互通，进而实现教育环境、教育资源、教育管理和教育服务等全过程的智能控制。②智能诊断：基于智能控制数据和结果，辅助管理者快速、准确地诊断问题，及时、有效地解决教育业务开展过程中、教育装备使用过程中存在的问题。③智能分析：在系统内各类数据的汇聚与处理的基础上，进行挖掘与分析，为智慧教育系统的数据共享和业务流程升级改造提供科学的决策依据。④智能调节：感知教室、会议室、图书馆等物理场所的环境，依据教与学的实际需求，动态调节声音、温度、湿度等环境指标。⑤智能调度：基于智能诊断、智能分析的结果，科学调度教育资源、调整教育机构布局、分配教育经费等。

5. 按需推送的特征

智能教育要达成"人人教、人人学"，教育资源可以按需获取和使用，教与学可以按需开展的美好愿望。按需推送又可以称为适配。按需推送是智慧教育的另一重要特征，具体体现在以下方面：①按需推送资源：根据用户的学习偏好和学习需求，个性化推送学习资源或信息。②按需推送活动：根据用户的现有基础、学习偏好以及学习目的，适应性推送学习活动。③按需推送服务：根据用户当时的学习状态和需求，适时推送学习服务（解决疑问，提供指导等）。④按需推送工具：根据用户学习过程记录，适应性推送用户学习所需的各种认知工具。⑤按需推送人际资源：根据用户的兴趣、偏好、学习的内容等，推送学伴、教师、学科专家等人际资源。

6. 可视化的特征

可视化是信息时代数据处理与显示的必然趋势，可视化是智慧教育观摩、巡视、监控的必备功能，也是智慧教育系统的重要特征，具体体现在以下方面：①可视化监控：通过视窗监控智慧教育应用系统的运行状态。②可视化呈现：通过图形界面，清晰、直观、全面地呈现各类教育统计数据。③可视化操作：提供具有良好体验的操作界面，以可视化的方式操作教育设备和应用系统。

（三）智慧教育发展的生态构建

1. 智慧学习环境构建

智能学习环境是指在信息技术、学习工具、学习资源和学习活动的支持下，科学地分析和挖掘学习者在学习过程中产生的学习情境信息或学习数据的综合感知。识别学习者和学习情境的特点，智能地生成最适合的学习目标和学习任务，引导和帮助学习者制定有效的学习策略，促进学习者智慧和能力的发展与智慧行动的出现。

智慧学习环境是支持学习者全面高效发展的学习空间，具有适配性、感知性、联通性等特征，作为开展智慧教育活动的空间和场所，可以是现实环境，也可以是虚拟环境，抑或是二者的互联互通。智慧学习环境的构建，是实现教与学方式变革的基础，应该具备如下功能需求：一是无缝连接，将技术融入教育环境，根据学习者的需求，跨越时间与空间的限制，为其提供无障碍、连续性的深度学习机会；二是全面感知，要敏锐地感知教学发生的情境，判断学习者的行为与特征，为深度学习与社会境脉融合提供技术支持；三是适配服务，根据学习者的个体差异提供适合的学习工具、学习服务和学习建议；四是智能分析，对学习过程进行记录，挖掘数据，寻找规律进行分析，为学习决策提供可视化参考和过程性评价；五是自然交互，提供简单的交互界面，在降低学习者认知负荷的同时提升学习者的学习自由度，增强知识生成和智慧应用的能力，促进学习者的深度学习与体验。

2. 智慧教师的专业发展

教师作为教学环境构建的参与者、教学方法的实施者、教学过程的设计者和实践者，在这场系统的变革中，肩负着重要的责任、具有重要的作用。打造一支高水平、专业化的教师队伍，能够全面把握智慧教育的理念目标，同时利用大数据、人工智能等新技术赋能教育教学创新，助推教师专业发展，对全面深化新时代教师队伍建设改革具有重要意义。

智慧教育实现课堂教与学的重构。智慧教育环境下的教师，需要打破传统教学框架，借助技术在教育教学全环节的创新应用与服务，构建以真实、个性、深度体验为特征的新型课堂。通过对教学全过程的跟踪评价和智能诊断，了解学生的认知习惯和行为特征，从而让教学策略更加精准、有效。同时，利用智慧课堂、智慧作业、线上答疑、个性化学习、过程性评价等多场景应用，发展学生的自主学习能力和创新能力。

智慧教育实现对教师的科学评价。克服依赖实践经验，缺乏数据分析的弊端，在数据标准体系的框架下，采集教师在教学、科研和管理等方面的数据活动，对数据进行整理、联结、贯通、整合与汇聚，形成跨地域、跨层级的教师基础数据库。探索基于大数据的教师行为分析，对教师进行全方位的能力测评，进行教师数字画像，更加科学规范地实现对教师的精细化管理和动态评价，从而为广大教师提供个性化的教育服务。

智慧教育实现培训的定制服务。关注教师的动态需求，通过具针对性、定制化的培育、培训服务，促进教师的内涵式发展和持续进步。基于教师发展评测系统展开成效评价，支持教师有效选学，精准推送课程资源，实现伴随式数据采集和应用支撑，为教师改进教学提供依据。

3. 政、企、校融合创新发展

智慧教育生态的构建是复杂的系统工程，需要教育行政部门、教育研究部门、行业企业、基层学校等多方协同参与，积极探索政、企、校合作发展的新样态。

教育行政部门要坚持以数据为驱动进行顶层设计和管理决策，从传统教育所依靠的经验思维转向以挖掘、联通、汇聚数据结果为依据，科学调整和配置教育发展的各个要素与环节，加强政策统筹规划和落地实施，建设智慧教育公共服务体系，优化硬件设施和软件资源，保障教育信息化基础设施建设，提升智慧教育应用效能。

面对教育信息化的现实需求和未来趋势，企业在智慧教育生态系统中发挥着不可替代的作用。企业可以利用科技研发优势以及领域特色，为智慧教育提供满足个性化需求、适配性高的相关服务。同时，企业的产品研发团队要参与智慧教育发展水平的评估工作，对具体项目的完成与运行进行跟踪研究，运用多维度和多来源的数据进行全视域监控，并实时同步分析，实现监管从静态向动态的转变，形成兼具全样本数据、模型搭建、归纳分析、可视化反馈、产品迭代的发展模式。

基层学校要积极探索，创新性地将新技术应用到课堂中，提升学校教育信息化软硬件系统的智慧化水平，支持数据化、实景化、个性化的学习样态，探索智慧教育情境中的教育教学创新模式与典型案例，真正让智慧教育的理念、方法浸润课堂和学生。全面加强各级各类学校数字校园建设，促进数字校园应用全面深入普及，打通学校、家庭和社会之间的数据壁垒，实现教育数据与社会数据系统的有效对接，构建数据互联融通的个性化教学支持服务环境，强化支撑个性化、适应性学习与教学的服务能力。

4. 增强区域教育资源供给服务能力

2022 年 3 月，"国家中小学网络云平台"改版为"国家中小学智慧教育平台"，并正式上线运行。平台坚持需求牵引、共建共享、育人为本、集成创新的基本原则，建立统一规范，为区域教育资源共享和服务供给探索新路径。平台支持大规模常态化在线学习，利用智能技术将优质教育教学资源汇聚、加工、整合，为课堂教学、教师培训、自主学习、辅导答疑、课后服务等提供专业化、精品化、体系化的资源服务，为提升区域信息化支持服务能力提供强大助力。

平台资源有效应用与学校教育教学相结合，把平台资源的运用纳入学校教育教学内容，并作为课堂教学要求和教学评价标准的重要内容，将平台的应用融入备课、上课、课后服务、教学研究等学校教育活动全程，为教育教学提供指导。平台资源的有效应用与均衡基本公共教育服务相结合，服务农村优质教育资源配置与结构优化，确保农村学校、薄弱学校开齐开足开好国家课程，推进优质教育资源的使用，加快缩小城乡、区域和校际间差距。平台资源有效应用与"双减"

工作相结合，更好地服务"双减"政策落地，服务家校协同育人，运用各类教育资源开展课程教学、课后服务、家校贯通，帮助学生充分利用平台资源开展学习，构建线上线下混合式学习、课内课外各学科互相融通的教学新模式，减轻学生负担，实现减负增效。

智慧教育的核心是"汇人之智，赋物以慧"。智慧教育的发展，需要全局性谋划和各个要素之间的互联互通。我们不能仅依赖于技术的更新迭代，而要更加重视个体与信息环境之间的关系，为不同个体提供高效率、高体验的差异化支持和适配服务。同时，要以教育应用为核心，以教育实践活动为纽带，促进教育流程和模式的优化创新，继而通过智慧教育的生态发展引领教育信息化的变革和创新。

二、智慧教育领航教育信息化实践的必要性

随着信息技术的飞速发展，教育领域正面临前所未有的机遇与挑战。智慧教育作为教育信息化的高级形态，日益成为教育现代化进程中的核心驱动力。在全球范围内，各国纷纷将智慧教育视为教育改革和发展的重要战略，以期通过信息技术的深度融合，推动教育质量的全面提升。因此，智慧教育在引领教育信息化实践中的必要性，不仅体现在应对信息化挑战、促进教育公平、培养创新人才等方面，还涉及教育模式的转型、教学资源的优化配置，以及教育治理能力的提升等。

（一）应对信息化挑战：智慧教育的战略选择

信息技术的迅猛发展对传统教育模式提出了严峻挑战。传统的教育模式以教师为中心，教学方式单一，教学资源的获取和利用受限，难以满足日益多样化的教育需求，而智慧教育通过大数据、人工智能、云计算等信息技术的应用，能够有效整合教育资源，提供个性化、智能化的教育服务。这不仅极大地提升了教育教学效率，也为教育信息化的推进提供了技术支持。

智慧教育的核心在于通过智能化的手段，实现教育的个性化和精准化。通过

数据驱动的教学分析，智慧教育可以根据学生的学习行为和学习成果，实时调整教学内容和教学方式，满足学生的个性化学习需求，尤其是在面对突如其来的疫情或自然灾害时，智慧教育所依赖的在线教育平台和虚拟学习环境，能够迅速响应，并保障教育的连续性和稳定性。这种应对信息化挑战的能力，使得智慧教育成为推动教育现代化的重要力量。

（二）促进教育公平：智慧教育的社会责任

教育公平是社会公平的重要组成部分，而智慧教育通过提供丰富的学习资源和灵活的学习方式，有助于缩小教育差距，推动教育公平的实现。在传统教育中，教育资源的分布不均衡是导致教育差距的重要原因，尤其是农村和偏远地区的学校，往往缺乏优质的教学资源和师资力量；而智慧教育通过在线教育平台和数字资源库，可以为不同地区、不同学校的学生提供同样高质量的学习资源，从而打破地域限制，实现教育资源的共享。

此外，智慧教育还能够根据学生的学习情况，提供个性化的学习路径。这种因材施教的教学模式，不仅提高了教学效果，也为不同学习水平的学生提供了平等的学习机会。通过智慧教育，教育公平不再仅仅是教育资源的公平分配，更是教育质量的公平提升。智慧教育在促进教育公平方面的实践，彰显了其强大的社会责任感，也是其在教育信息化进程中不可或缺的作用之一。

（三）培养创新人才：智慧教育的育人目标

智慧教育不仅关注知识的传授，更重视学生创新思维和实践能力的培养。在传统教育模式中，教学内容往往以灌输知识为主，学生的学习过程较为被动，创新能力难以得到充分的发展，而智慧教育则强调学生的主体性，通过智能化的教学环境和灵活多样的教学方法，激发学生的学习兴趣和创造力。

例如，智慧教育通过虚拟现实（VR）和增强现实（AR）技术，为学生提供了沉浸式的学习体验，使得复杂抽象的知识点得以直观呈现，帮助学生更好地理解和掌握。这种创新性的教学手段，不仅提高了学习的趣味性和有效性，更培养了学生的探索精神和实践能力。智慧教育的这种育人目标，与当今社会对创新人才的需求高度契合，将为社会的发展和进步提供坚实的人才保障。

（四）教育模式的转型：智慧教育的深远影响

智慧教育不仅是教育信息化的高级形态，更是教育模式转型的重要推动力。传统的教育模式在教学内容、教学方法和评价体系上存在较大的局限性，难以适应信息化时代的教育需求。而智慧教育通过技术驱动的创新，为教育模式的转型提供了新的可能性。首先，智慧教育推动了教学内容的多元化和个性化。通过对大数据的分析，智慧教育可以根据学生的兴趣和需求，推荐适合的学习内容，帮助学生进行自主学习。这种学习方式不仅提高了学习效率，也使得教育更加贴近学生的实际需求。其次，智慧教育改变了传统的教学方法，注重互动性和参与性。例如，在线学习平台中的讨论区和互动课堂，打破了传统课堂中教师单向传授知识的模式，鼓励学生积极参与讨论和交流，增强了学生学习的主动性和创造性。

（五）教学资源的优化配置：智慧教育的资源优势

在教育信息化的推进过程中，如何实现教学资源的优化配置，是教育改革的重要任务。智慧教育通过互联网技术的应用，打破了时空的限制，使得优质教学资源得以广泛传播和共享。在这种背景下，智慧教育不仅能够满足不同地区、不同学校的教育需求，也为教育资源的均衡发展提供了有力保障。

智慧教育通过建立数字化资源库，将全球范围内的优质教育资源进行整合和分类，供学生和教师自由选择和使用。这种资源的优化配置，不仅提高了教学质量，也使得教育资源的利用率大大提升。此外，智慧教育还能够根据学生的学习情况，动态调整资源的配置，实现资源的精准化和个性化配置。这种资源优势，使得智慧教育在推动教育信息化进程中，发挥着不可替代的作用。

（六）教育治理能力的提升：智慧教育的制度创新

智慧教育的实施不仅涉及技术手段的应用，更需要相应的制度创新，以提升教育治理能力。在传统教育治理模式中，教育管理的效率和透明度往往受到限制，难以适应信息化时代的需求，而智慧教育通过大数据和人工智能技术的应用，可以实现教育管理的精细化和科学化。

例如，智慧教育通过建立教育管理信息系统，可以实时监测和分析教育教学的各项数据，为教育决策提供科学依据。这种数据驱动的教育治理模式，不仅提高了管理的效率，也增强了教育治理的透明度和公信力。此外，智慧教育还能够通过在线评价系统，实时收集学生和家长的反馈意见，帮助教育管理部门及时发现和解决问题，进一步提升教育服务的质量。

三、智慧教育领航教育信息化的实践创新策略

在全球教育信息化浪潮的推动下，智慧教育成为了现代教育发展的重要方向。智慧教育不仅依赖于先进的信息技术，更要求对教育理念、教学模式、资源配置等方面进行全面创新。以下从构建智慧教育生态系统、推进数据驱动的教育决策、创新教学方法与模式、强化教师信息技术应用能力以及保障信息安全与隐私等五个方面，探讨智慧教育领航教育信息化实践的创新策略。

（一）构建智慧教育生态系统

智慧教育的核心在于建立一个涵盖基础设施、平台应用、资源服务与管理评价的综合生态系统，具体从以下方面探讨。

第一，基础设施建设是智慧教育的物质基础，它包括高性能的智能化教学设备、全覆盖的高速网络以及灵活的教学空间配置。这些基础设施为智慧教育的实施提供了必要的硬件支持，使教学活动能够更加高效、便捷地开展。

第二，应用平台作为智慧教育的核心载体，承担着连接教师、学生、管理者以及各种教育资源的重要功能。智慧教育平台不仅要提供一站式的教学、管理、评价服务，还需具备高度的集成性和可扩展性，以满足不断变化的教育需求。通过这种平台，教育资源能够在不同层级、不同地区之间实现共享，促进教育公平和质量的提升。

第三，资源服务是智慧教育的重要内容。随着信息技术的发展，数字化教材、在线课程、虚拟实验室等资源形式不断丰富，极大地拓展了教育的内容和形式。

这些资源不仅打破了传统教材的局限性，还为个性化学习和自主学习提供了广泛的选择。然而，资源服务的有效实施依赖于对资源的高效管理和合理配置，只有通过精细化的资源管理，才能确保资源的质量与适用性。

第四，管理评价机制是智慧教育顺利运行的保障。智慧教育中的管理评价不仅需要实时监控和反馈教学过程，还应对教育系统的整体运行进行全面评估，以确保系统的稳定性和可持续发展。同时，通过数据分析与智能评估，可以对教育质量进行精准诊断，为教育决策提供科学依据。

（二）推进数据驱动的教育决策

智慧教育的一个重要特征是数据驱动。通过大数据和人工智能技术，可以对教育过程中的各类数据进行全面感知和智能分析，为教育决策提供科学依据。数据驱动的教育决策首先体现在对教学过程的深度分析上。通过数据挖掘技术，可以发现教学过程中的瓶颈问题，并通过优化教学策略予以解决。例如，教师可以通过分析学生的学习行为数据，识别出学生学习中的薄弱环节，从而有针对性地调整教学内容和方式。其次，数据驱动的教育决策还能够预测学生的学习需求和发展趋势。通过机器学习算法，可以对学生的学习历史数据进行建模和分析，预测其未来的学习路径和可能面临的挑战，从而为学生提供个性化的学习建议。这种预测性分析不仅有助于学生的个性化发展，还能够帮助教师更有效地组织教学活动，提升教学效率。

此外，数据驱动的教育决策还应关注教育管理和政策制定层面。通过对教育系统运行数据的全面分析，可以发现系统中的潜在问题，并为政策调整提供依据。例如，教育管理者可以通过分析不同地区、不同学校的教学数据，了解教育资源分配的公平性和教学质量的差异，从而制定更加科学合理的教育政策。

（三）创新教学方法与教学模式

智慧教育的实施离不开教学方法和教学模式的创新。传统的教学方法在信息化时代面临着挑战，如何将信息技术有效融入教学过程，成为智慧教育的重要课题。首先，翻转课堂作为一种新型教学模式，已在智慧教育中得到了广泛应用。

翻转课堂强调学生在课前通过在线学习掌握基础知识，而课堂则用于师生之间的互动讨论和知识深化。通过这种模式，学生的学习积极性和参与度得到了显著提升。其次，混合式学习则是智慧教育中另一种具有代表性的新型教学模式。混合式学习将线上学习与线下实践相结合，充分利用了信息技术的优势，同时保留了传统课堂的互动性和实践性。这种模式不仅丰富了学生的学习体验，还使教学过程更加灵活和个性化。再次，虚拟现实（VR）和增强现实（AR）技术的应用，为智慧教育带来了全新的教学手段。通过 VR 和 AR 技术，可以为学生创设沉浸式学习环境，让他们在虚拟场景中进行实验、模拟或互动式学习。这种沉浸式学习不仅增强了学生的学习体验，还提升了他们的学习效果。最后，智慧教育还鼓励教学内容的跨学科整合和项目式学习。通过跨学科的教学设计，学生可以在综合的学习过程中培养创新思维和解决实际问题的能力，而项目式学习则提供了学生在真实情境中应用所学知识的机会。这样的教学方法和模式创新，使得智慧教育能够更加适应信息化时代的学习需求。

（四）强化教师信息技术应用能力

教师是智慧教育实践中的核心力量，他们的信息技术应用能力直接影响着智慧教育的效果。因此，提升教师的信息技术素养是智慧教育成功实施的关键之一。首先，对教师的信息技术培训应成为教育信息化政策的重要组成部分。通过系统化的培训，教师不仅能够掌握最新的教育技术，还能够在教学设计、实施和评价中熟练应用这些技术。此外，还应鼓励教师在实际教学中积极探索和应用智慧教育的新工具和新方法。例如，通过组织教学研讨会、经验交流会等形式，分享智慧教育的最佳实践和成功案例，从而提升教师的实践能力和创新意识。同时，学校和教育管理部门应建立相应的激励机制，如设立智慧教育创新奖、为教师提供科研支持等，激励教师参与智慧教育的实践与创新。

在强化教师信息技术应用能力的过程中，还应注重教师的职业发展和心理支持。智慧教育的推进可能会给部分教师带来技术焦虑或适应压力，因此，学校应提供必要的支持，如技术援助、心理辅导等，帮助教师顺利过渡到智慧教育环境中。

（五）保障信息安全与隐私

在智慧教育的实施过程中，信息安全与隐私保护是必须高度重视的问题。智慧教育系统涉及大量的学生数据、教师数据以及教育管理数据，这些数据一旦泄露或被不当使用，将会对教育系统和个人造成严重影响。因此，构建完善的信息安全管理体系是智慧教育实施的前提。首先，应制定严格的信息安全政策和规章制度，明确数据的使用权限和责任归属。教育机构应通过技术手段，如数据加密、访问控制、防火墙等，确保数据在存储和传输过程中的安全性。同时，应定期对系统进行安全审查和风险评估，及时发现和修补安全漏洞。其次，智慧教育系统的设计应充分考虑隐私保护问题，尤其是对学生个人隐私的保护。学生的学习行为数据、个人身份信息等都属于敏感信息，应采取严格的隐私保护措施，避免信息泄露和滥用。例如，可以采用匿名化处理、数据脱敏等技术手段，在保证数据使用效果的同时，保护学生的隐私。最后，信息安全教育应成为智慧教育的一部分。通过对教师、学生和管理者的安全教育，提升他们的信息安全意识和防护能力，使他们能够在智慧教育环境中安全、高效地开展教学和学习活动。

参考文献

[1] 陈博，刘湘，张斌．高校教育管理的方法研究 [M]．长春：吉林出版集团，2022.

[2] 陈艳．教育管理的理论探索与研究 [M]．延吉：延边大学出版社，2023.

[3] 崔鸿，李秀菊．科学教育与科学传播概论 [M]．北京：中国科学技术出版社，2020.

[4] 单林波．高校教育管理体系构建研究 [M]．北京：首都师范大学出版社，2022.

[5] 林海燕．教育管理的创新思维与模式探索 [M]．北京：中国原子能出版社，2022.

[6] 王金祥．高校学生管理工作研究 [M]．沈阳：辽宁大学出版社，2012.

[7] 王琪．高校人力资源管理与行政改革研究 [M]．北京：北京工业大学出版社，2018.

[8] 张嘉志．信息化教学的方法与技术 [M]．北京：北京师范大学出版社，2011.

[9] 胡凌霞．高校教育管理理念与思维创新 [M]．长春：吉林大学出版社，2020.

[10] 朱锦龙．慧教学平台建设与智慧课堂教学模式研究 [M]．长春：吉林文史出版社，2021.

[11] 陈丽琴，郑贵宝．浅析高校教育管理的文化创新与实践 [J]．大学，2024，（4）：58-61.

[12] 蔡琳，蒋柯．高校教师胜任力研究的专业化进路 [J]．心理研究，2015，8（3）：57.

[13] 陈庆渊，张雄．基于创新教育理念的高校教育管理价值意蕴和实践路径 [J].

科教导刊，2023（15）：1.

[14] 程开元. 高校学生管理的改革与创新 [J]. 智库时代，2018（39）：67+69.

[15] 郭永志，梁晨. 新时代高校教师专业素养内涵及发展路径 [J]. 辽宁开放大学学报，2023（2）：84.

[16] 雷明. 高校教育管理中的流程再造初探 [J]. 中国成人教育，2018（16）：56-59.

[17] 李明升. 新形势下高校大学生教育管理实效性的提升 [J]. 创新创业理论研究与实践，2023，6（5）：79.

[18] 李睿. 教师专业培养的新取向 [J]. 中国教师，2012（7）：52.

[19] 罗建河，贺金泊. 论教育管理学科知识体系建构的教育立场 [J]. 现代教育管理，2024（3）：21-30.

[20] 宁睿. 高校学生管理的强化路径与价值讨论 [J]. 现代营销（创富信息版），2018（10）：162.

[21] 申亚楠. 高校学生管理存在问题与对策 [J]. 中国成人教育，2018（8）：56-57.

[22] 苏君阳. 高质量背景下教育管理学科建设面临的机遇、挑战与举措 [J]. 现代教育管理，2023（8）：1-8.

[23] 田生湖，赵学敏. 我国高校信息化教学的现状、趋势与发展策略 [J]. 当代教育科学，2016（11）：39.

[24] 王磊. 加强高校教育管理信息化建设研究 [J]. 微电机，2021，54（3）：120.

[25] 王丽，程纯. 教育管理视域下专业学习社群的逻辑样态与可为路向 [J]. 江苏高教，2023（2）：35-40.

[26] 王鹏炜，吉执来. 教师管理政策与教师教育政策一体化探析 [J]. 华南师范大学学报（社会科学版），2016（4）：56-61.

[27] 王耀章. 新媒体时代高校数字化教育管理研究 [J]. 中国报业，2022（4）：120.

[28] 徐明宇，张厚军. 信息化与高校教育管理创新 [J]. 中国高校科技，2014

（11）：94–96.

[29] 袁正菲 . 我国高校现行高校教师教育及管理制度研究 [J]. 长江丛刊，2019
（17）：143，172.

[30] 张今红 . 以人为本理念下应用型高校教育管理路径探索 [J]. 河南教育，
2024（3）：23.

[31] 张跃 . 大数据视域下高校教育管理创新发展研究 [J]. 绥化学院学报，
2024，44（3）：124.

[32] 鲁文晓 . 智慧教育领航教育信息化变革与创新 [J]. 黑龙江教师发展学院学
报，2023，42（2）：148.